2024

ケアマネジャー試験

ポイント

まる 覚え ドリル

中央法規

受験を目指しているみなさんへ

　介護保険制度と歩んできた、介護支援専門員実務研修受講試験（ケアマネジャー試験）はすでに 26 回を数えました。これまでに、受験者数は 300 万人を超え、合格者数は 75 万人に上ります。

　しかし、近年は受験者数が減少傾向にあり「ケアマネジャー不足」が深刻になってきています。そのような社会状況のなかで、ケアマネジャー試験を受けることには、決断が必要だったと思います。仕事をしながら勉強できるのか、また、家庭と両立しながら勉強が続けられるのか、それぞれの事情と立場で、踏み出すための一歩が必要だったことでしょう。もちろん、それほど気負わず「とりあえず受験してみよう」でも OK です。まずは、受験してみようと決断と行動をしてくれたことに感謝します。

① チャレンジする行動力がハナマルです。
　　合格することは最高です。しかし、チャレンジしようとする行動が何よりも大切です。
② どちらにしても、専門職としてパワーアップします。
　　介護保険制度やケアマネジメントを学ぶことは、専門職として必ずプラスになります。資格取得の勉強を通じて確実にレベルアップすることになります。
③ 心と体と相談しながら取り組みましょう。
　　試験を受けるということは、勉強時間を確保するために何かの時間を削る、または、時間をつくりだすことが必要になるということです。だからこそ、健康第一で受験に臨んでください。

　保健・医療・福祉の専門職をつなぎ、要介護者等の暮らしを支えるケアマネジャーは、ほかの専門職とは異なる魅力をもつ職種です。試験を突破し、みなさんがケアマネジャーとして新たな一歩を踏み出せるようになることを願ってやみません。みなさんの努力が、成果となって花開くことを楽しみにしています。

2024 年 1 月

中央法規ケアマネジャー受験対策研究会

目次

受験を目指しているみなさんへ
本書のねらいと使い方

第1章　第26回試験

① 介護支援分野 ………… 2
② 保健医療サービスの知識等・福祉サービスの知識等 ………… 8

第2章　介護支援分野

① 要介護認定および要支援認定 ………… 14
② 居宅介護支援 ………… 22
③ 財政構造と保険料 ………… 34
④ 介護保険制度導入の背景等 ………… 38
⑤ サービス提供事業者・施設 ………… 44
⑥ 保険者および被保険者 ………… 54
⑦ 地域支援事業等 ………… 60
⑧ 介護保険制度の目的等 ………… 66
⑨ 保険給付の種類・内容等 ………… 74
⑩ 利用者負担 ………… 78
⑪ 介護支援専門員 ………… 82
⑫ 介護保険事業計画等 ………… 88
⑬ 介護予防支援 ………… 92
⑭ 審査請求および雑則 ………… 98
⑮ 高齢化の進展と高齢者を取り巻く状況 ………… 100
⑯ 国民健康保険団体連合会の業務 ………… 102
⑰ 介護保険施設にかかる運営基準（施設）の共通事項 ………… 104
⑱ 介護支援専門員の基本姿勢 ………… 106
⑲ 施設における介護支援 ………… 108

第3章 保健医療サービスの知識等

① 訪問看護 ………… 112
② 看護小規模多機能型居宅介護 ………… 116
③ 介護老人保健施設 ………… 118
④ 介護医療院 ………… 120
⑤ 通所リハビリテーション ………… 122
⑥ 訪問リハビリテーション ………… 124
⑦ 居宅療養管理指導 ………… 126
⑧ 定期巡回・随時対応型訪問介護看護 ………… 128

第4章 福祉サービスの知識等

① 訪問介護 ………… 132
② 訪問入浴介護 ………… 136
③ 通所介護 ………… 138
④ 短期入所生活介護 ………… 142
⑤ 介護老人福祉施設 ………… 146
⑥ 福祉用具 ………… 150
⑦ 住宅改修 ………… 154
⑧ 認知症対応型通所介護 ………… 158
⑨ 小規模多機能型居宅介護 ………… 162
⑩ 認知症対応型共同生活介護 ………… 166

本書のねらいと使い方

本書のねらい

　介護支援専門員実務研修受講試験（ケアマネジャー試験）は、5つの選択肢から、2つないし3つの「正しいもの」を選び出す試験です。

　「正しいもの」を選ぶには、当然、正しい知識を身につける必要があります。5つの選択肢のうち、2つ、もしくは3つは「正しいこと」が書かれているわけですから、その「正しいこと」が書かれている選択肢を覚えてしまえば、「正しい知識」が身につくといえます。

　つまり、「正しいこと」が書かれている選択肢（いわゆる「正文」）を、丸ごと覚えてしまうことが合格への近道ということができるのではないでしょうか。

　本書『ケアマネジャー試験　ポイントまる覚えドリル』は、ケアマネジャー試験で過去に出題された問題から「正しいもの」を選び出し、「正しいもの」そのものを覚えられるように工夫しています。

　本書で取り上げた、問題・選択肢はすべて、これまでに行われたケアマネジャー試験に出題されたものです。過去5年分の出題実績を分析し、出題回数の高い問題・選択肢を選び出しましたから、本書に取り組むことで、試験によく出るテーマや事柄について、「正しいもの」（知識）を覚えられます。

問題　○○について正しいものはどれか。2つ選べ。

1　◇◇
2　△△
3　●●
4　□□
5　▽▽

5つの選択肢のうち、正しいものが2つある。
「正しいもの」を覚えれば、「正しい知識」が身につく！　答えられる！

テーマごとに、左のページには問題を、右のページにはその解答を紹介しています。解答を覚えることで、「正しい知識」を身につけることができます。

　　左のページにある問題は4つのタイプがあります。

○ 〔　〕に示された2つ（3つまたは4つ）の単語から、「正しいもの」を選ぶ。

○ 正しいものをすべて選ぶ。

○ 「誤り」を「正しく」する。

○ 「正しいもの」を線を引いて結び合わせる。

　　問題を解く際は、それぞれ実際に書いてみましょう。手を動かすことで、覚えられる（知識として定着する）はずです。

取り組んだ日付を記入します。
繰り返しチャレンジしてみましょう。

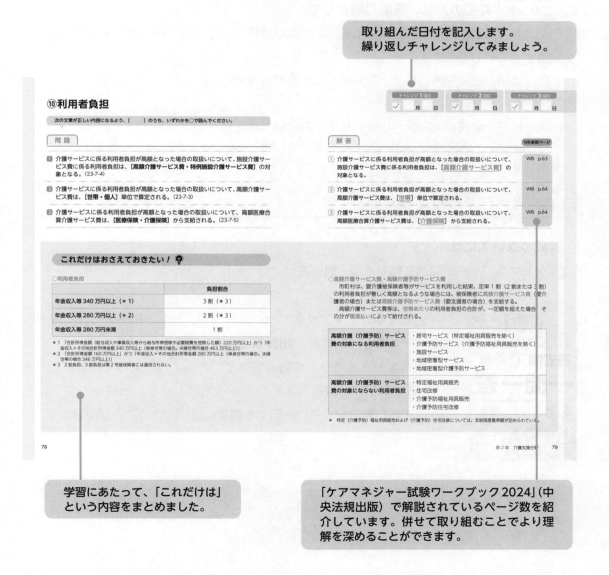

学習にあたって、「これだけは」という内容をまとめました。

「ケアマネジャー試験ワークブック2024」（中央法規出版）で解説されているページ数を紹介しています。併せて取り組むことでより理解を深めることができます。

本書はさまざまな使い方ができます。例えば……。

○ プランA 最初の1冊として

ケアマネジャー試験はきわめて広い範囲から出題されます。ボリュームのあるテキストはハードルが高い、業務が忙しくて腰を据えて勉強する時間がなかなか取れないといった場合、試験対策をはじめる、最初の1冊目として取り組んでみてください。

本書に取り組むことで、その時点での自分の知識を確認することができるはずです。手が出なかった、解くことができなった問題、テーマがわかれば、その問題、テーマを重点的に学ぶことができます。

○ プランB 知識の確認、直前対策として

テキストでひととおり学習を終えた後に、知識が身についたかどうか、確認するために本書を利用することもできます。

また、試験の直前対策として、取り組むこともできるでしょう。

自身の状況や学習の進み具合にあわせて、取り組むことが可能です。

本書とペアで取り組みたい

○時間のない人には…

➡ ケアマネジャー試験過去問でる順一問一答

過去4年分のケアマネジャー試験を選択肢ごとに分解し、一問一答形式で収載しています。出題頻度の高い項目から「でる順」に、○×の根拠をおさえつつ効率的に勉強ができるよう工夫しています。本書『ケアマネジャー試験　ポイントまる覚えドリル』と併せて使うことで、正しい知識を、短い時間でも確実に身につけることができます。

○石橋をたたいて渡りたい人には…

➡ケアマネジャー試験ワークブック

『介護支援専門員基本テキスト』に準拠した参考書。出題範囲を網羅しつつ、試験に出やすい分野から必要な知識を厳選し、豊富な図表とともに、丁寧に解説しています。

「ワークブック」で出題範囲をおさえた後、本書『ケアマネジャー試験　ポイントまる覚えドリル』を使って、知識が身についたかどうか確認してみてください。本書と併せて使うことで、試験に必要な知識をまんべんなく獲得でき、合格への道筋がいっそう確実なものとなります。

○さらに手堅く勉強したい人には…

➡ケアマネジャー試験合格問題集

試験の出題傾向を分析して作成した模擬問題300問を収載した問題集。丁寧な解説で合格に必要な知識を身につけることができます。

本書『ケアマネジャー試験　ポイントまる覚えドリル』と併せて使うことで、絶対におさえておきたい基礎知識から、＋1点を勝ち取るための知識まで確実に習得することができます。

❶ 出題方式および出題数

　試験は、5つの選択肢から正しいものを2つ、または3つ選ぶ五肢複択方式です。出題数と試験時間は次のとおりです。

区分	問題数	試験時間
介護支援分野 　介護保険制度の基礎知識 　要介護認定等の基礎知識 　居宅・施設サービス計画の基礎知識等	25問	120分 （原則10：00〜12：00） ※点字受験者（1.5倍） 180分 ※弱視等受験者（1.3倍） 156分
保健医療福祉サービス分野 　保健医療サービスの知識等 　福祉サービスの知識等	20問 15問	
合　計	60問	

❷ 受験要件

⑴ 受験要件

　介護支援専門員実務研修受講試験の対象者は、①保健・医療・福祉に関する法定資格保有者（表の❶）と②相談援助に従事する者（表の❷～❺）で、①および②の期間が通算して５年以上であり、かつ当該業務に従事した日数が900日以上である者とされています。

⑵ 受験資格

　下記のいずれかの要件を満たす者となっています。

❶ 法定資格保有者	保健・医療・福祉に関する以下の法定資格に基づく業務に従事した期間	通算して５年以上 ＋ 業務に従事した日数が900日以上
	医師、歯科医師、薬剤師、保健師、助産師、看護師、准看護師、理学療法士、作業療法士、社会福祉士、介護福祉士、視能訓練士、義肢装具士、歯科衛生士、言語聴覚士、あん摩マッサージ指圧師、はり師、きゅう師、柔道整復師、栄養士（管理栄養士を含む）、精神保健福祉士	
❷ 生活相談員	生活相談員として、（地域密着型）介護老人福祉施設・（地域密着型）特定施設入居者生活介護（介護予防を含む）において、要介護者等の日常生活の自立に関する相談援助業務に従事した期間	
❸ 支援相談員	支援相談員として、介護老人保健施設において、要介護者等の日常生活の自立に関する相談援助業務に従事した期間	
❹ 相談支援専門員	障害者総合支援法第５条第18項および児童福祉法第６条の２の２第７項に規定する事業の従事者として従事した期間	
❺ 主任相談支援員	生活困窮者自立支援法第２条第２項に規定する事業の従事者として従事した期間	

❸ 試験期日

2024年10月頃（2024年２～３月頃に公表予定）

❹ 過去5回分の介護支援専門員実務研修受講試験の実施状況について

回数（年度）	受験者数	合格者数	合格率
第22回（令和元年度）	41,049人	8,018人	19.5%
第23回（令和2年度）	46,415人	8,200人	17.7%
第24回（令和3年度）	54,290人	12,662人	23.3%
第25回（令和4年度）	54,406人	10,328人	19.0%
第26回（令和5年度）	56,494人	11,844人	21.0%

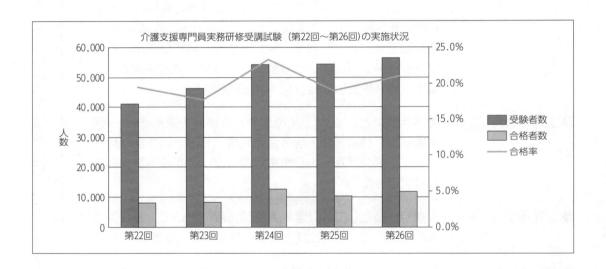

本書の内容は、2024（令和6）年1月15日現在の法制度等（同日までに公布された法令、厚生労働省発出の通知等）に基づいています。

■2024年介護保険制度改正について

本書発刊後に明らかになった、2024（令和6）年施行の介護保険制度改正の内容のうち、本書に関連するものについて、弊社ホームページにおいて順次紹介していきます。下記URLでご確認ください。
https://www.chuohoki.co.jp/foruser/manager/

第1章

第26回試験

①介護支援分野

次の文章が正しい内容になるよう、[　　　]のうち、いずれかを○で囲んでください。

問題

☐1 介護保険法第2条に示されている保険給付の基本的考え方について、**[要介護状態等の軽減又は悪化の防止・健康の保持増進及び有する能力の維持向上]** に資するよう行われなければならない。（26-4-1）

☐2 介護保険法第2条に示されている保険給付の基本的考え方について、可能な限り、被保険者の **[有する能力・所得の額]** に応じ自立した日常生活を営むことができるように配慮されなければならない。（26-4-3）

☐3 介護保険法第2条に示されている保険給付の基本的考え方について、**[医療・福祉事務所]** との連携に十分配慮して行われなければならない。（26-4-4）

☐4 介護保険法第2条に示されている保険給付の基本的考え方について、**[介護支援専門員・被保険者]** の選択に基づき、サービス提供が行われなければならない。（26-4-5）

☐5 介護保険法に定める指定居宅サービス事業者の責務として、**[要介護者・家族・保険者]** のため忠実に職務を遂行しなければならない。（26-9-2）

☐6 介護保険法に定める指定居宅サービス事業者の責務として、**[自らサービスの質の評価を行うこと・第三者による評価を受けること]** 等により常に利用者の立場に立ってサービスを提供するように努めなければならない。（26-9-3）

☐7 介護保険法に定める指定居宅サービス事業者の責務として、**[法令遵守に係る義務の履行・居宅サービス計画に基づく居宅サービス等の提供]** が確保されるよう、業務管理体制を整備しなければならない。（26-9-5）

☐8 要介護認定の申請について、被保険者は、**[介護認定審査会・市町村]** に申請しなければならない。（26-18-1）

☐9 要介護認定の申請について、**[地域包括支援センター・居宅サービス事業者]** は、申請に関する手続を代行することができる。（26-18-2）

☐10 要介護認定の申請について、要介護状態区分の変更申請には、**[医師の診断書・被保険者証]** を添付しなければならない。（26-18-4）

☐11 要介護認定の申請について、更新認定の申請は、**[有効期間満了の日の60日前・市町村が定める日]** から行うことができる。（26-18-5）

解 答

① 介護保険法第2条に示されている保険給付の基本的考え方について、[**要介護状態等の軽減又は悪化の防止**]に資するよう行われなければならない。

WB p.9

② 介護保険法第2条に示されている保険給付の基本的考え方について、可能な限り、被保険者の[**有する能力**]に応じ自立した日常生活を営むことができるように配慮されなければならない。

WB p.9

③ 介護保険法第2条に示されている保険給付の基本的考え方について、[**医療**]との連携に十分配慮して行われなければならない。

WB p.9

④ 介護保険法第2条に示されている保険給付の基本的考え方について、[**被保険者**]の選択に基づき、サービス提供が行われなければならない。

WB p.9

⑤ 介護保険法に定める指定居宅サービス事業者の責務として、[**要介護者**]のため忠実に職務を遂行しなければならない。

WB p.70

⑥ 介護保険法に定める指定居宅サービス事業者の責務として、[**自らサービスの質の評価を行うこと**]等により常に利用者の立場に立ってサービスを提供するように努めなければならない。

WB p.70

⑦ 介護保険法に定める指定居宅サービス事業者の責務として、[**法令遵守に係る義務の履行**]が確保されるよう、業務管理体制を整備しなければならない。

WB p.71

⑧ 要介護認定の申請について、被保険者は、[**市町村**]に申請しなければならない。

WB p.30

⑨ 要介護認定の申請について、[**地域包括支援センター**]は、申請に関する手続を代行することができる。

WB p.30

⑩ 要介護認定の申請について、要介護状態区分の変更申請には、[**被保険者証**]を添付しなければならない。

WB p.38

⑪ 要介護認定の申請について、更新認定の申請は、[**有効期間満了の日の60日前**]から行うことができる。

WB p.37

問題

1 地域ケア会議の機能として正しいものをすべて選んでください。(26-14)

● 個別課題の解決	○ or ×
● 地域づくり・資源開発	○ or ×
● 政策の形成	○ or ×
● 地域包括支援センターから提出された事業計画書の評価	○ or ×
● 日常生活自立支援事業の生活支援員の指名	○ or ×

これだけはおさえておきたい！

○地域ケア会議の目的
　地域ケア会議の目的は次のとおりとされています。
① 　地域の介護支援専門員の、法の理念に基づいた高齢者の自立支援に資するケアマネジメントの支援
② 　高齢者の実態把握や課題解決のための地域包括支援ネットワークの構築
③ 　個別ケースの課題分析等を行うことによる地域課題の把握
　いずれも、個別ケースの支援内容の検討を通じて行われます。
　このほか、地域づくり、資源開発、政策形成なども地域ケア会議の目的とされています。

個別ケースの支援内容の検討		① 　ケアマネジメント支援 ② 　地域包括支援ネットワークの構築 ③ 　地域課題の把握

地域の実情に応じて必要と認められる事項 （地域づくり、資源開発、政策形成など）

解 答

WB参照ページ

① WB p.110〜111

- ○ ●個別課題の解決
- ○ ●地域づくり・資源開発
- ○ ●政策の形成
- ✕ → 地域包括支援センターから提出された事業計画書の評価は、地域包括支援センター運営協議会の職掌事務である。
- ✕ → 日常生活自立支援事業の実施主体は都道府県社会福祉協議会（または指定都市社会福祉協議会）で、窓口業務等を市町村の社会福祉協議会が行う。生活支援員は具体的援助を提供する。

○地域ケア会議の機能

地域ケア会議の機能として、次の5つが示されています。

個別課題解決機能	多職種が協働して個別ケースの支援内容を検討することによって、高齢者の課題解決を支援するとともに、介護支援専門員の自立支援に資するケアマネジメントの実践力を高める機能
地域包括支援ネットワーク構築機能	地域の関係機関等の相互の連携を高め、地域包括支援ネットワークを構築する機能
地域課題発見機能	個別ケースの課題分析等を積み重ねることにより、地域に共通した課題を浮き彫りにする機能
地域づくり・資源開発機能	インフォーマルサービスや地域の見守りネットワークなど、地域で必要な資源を開発する機能
政策形成機能	地域に必要な取り組みを明らかにし、政策を立案・提言していく機能

2 指定居宅介護支援について正しいものをすべて選んでください。(26-20)

- 介護支援専門員は、居宅サービス計画書の作成に当たっては、地域の住民による自発的な活動によるサービス等の利用も含めて居宅サービス計画上に位置付けるよう努めなければならない。 〇 or ✕

- 事業者は、利用者の人権の擁護、虐待の防止等のため必要な体制の整備を行わなければならない。 〇 or ✕

- 指定居宅介護支援の提供に当たっては、公正中立に行われなければならない。 〇 or ✕

- 介護支援専門員の連絡調整の対象は、指定居宅サービス事業者に限定される。 〇 or ✕

- 事業者の連携の対象には、障害者総合支援法の指定特定相談支援事業者は含まれない。 〇 or ✕

3 居宅サービス計画の作成について正しいものをすべて選んでください。(26-21)

- 課題分析の結果は、居宅サービス計画書に記載しない。 〇 or ✕

- 総合的な援助の方針は、利用者及び家族を含むケアチームが確認、検討の上、居宅サービス計画書に記載する。 〇 or ✕

- 居宅サービス計画の長期目標は、基本的に個々の解決すべき課題に対応して設定するものである。 〇 or ✕

- 週間サービス計画表には、提供されるサービス以外に主な日常生活上の活動も記載する。 〇 or ✕

- サービス担当者会議の要点には、出席できないサービス担当者に対して行った照会の内容について記載しなくてよい。 〇 or ✕

②   WB p.148~154

○ ●介護支援専門員は、居宅サービス計画書の作成に当たっては、地域の住民による自発的な活動によるサービス等の利用も含めて居宅サービス計画上に位置付けるよう努めなければならない。

○ ●事業者は、利用者の人権の擁護、虐待の防止等のため必要な体制の整備を行わなければならない。

○ ●指定居宅介護支援の提供に当たっては、公正中立に行われなければならない。

✕ → 介護支援専門員は、指定居宅サービス事業者、指定地域密着型サービス事業者、介護保険施設等との連絡調整を行う。

✕ → 指定居宅介護支援事業者は、市町村、地域包括支援センターや他の指定居宅介護支援事業者、介護保険施設、障害者総合支援法に規定する指定特定相談支援事業者等との連携に努めなければならない。

③   WB p.137~143

✕ → 居宅サービス計画書標準様式第1表「居宅サービス計画書(1)」の「利用者及び家族の生活に対する意向を踏まえた課題分析の結果」に、課題分析の結果を記載する。

○ ●総合的な援助の方針は、利用者及び家族を含むケアチームが確認、検討の上、居宅サービス計画書に記載する。

○ ●居宅サービス計画の長期目標は、基本的に個々の解決すべき課題に対応して設定するものである。

○ ●週間サービス計画表には、提供されるサービス以外に主な日常生活上の活動も記載する。

✕ → 会議に出席できない場合に、サービス担当者に対して行った照会の内容等についても記載する。

②保健医療サービスの知識等・福祉サービスの知識等

次の文章が正しい内容になるよう、[　　　　]のうち、いずれかを○で囲んでください。

問題

❶ 指定看護小規模多機能型居宅介護について、居宅で生活している [要支援者も利用できる・要支援者は利用できない]。(26-43-1)

❷ 指定看護小規模多機能型居宅介護について、看護小規模多機能型居宅介護計画の作成に当たっては、[利用者の多様な活動・家族の身体的及び精神的負担の軽減を図る活動] が確保されるものとなるように努めなければならない。(26-43-2)

❸ 指定看護小規模多機能型居宅介護について、看護サービスの提供開始時は、主治の医師による指示を [口頭で・文書で] 受けなければならない。(26-43-3)

❹ 指定看護小規模多機能型居宅介護について、サテライト型指定看護小規模多機能型居宅介護事業所の登録定員は、[18 人以下・29 人以下] である。(26-43-4)

❺ 指定看護小規模多機能型居宅介護について、看護小規模多機能型居宅介護費は、[月単位で・1 日単位で] 設定されている。(26-43-5)

❻ 介護医療院について、[住まいと生活を医療が支える・急性期医療から慢性期医療まで支える] 新たなモデルとして創設された。(26-45-1)

❼ 介護医療院について、療養床には、[Ⅰ型療養床とⅡ型療養床・基本型療養床と在宅強化型療養床] がある。(26-45-3)

❽ 介護医療院について、併設型小規模介護医療院の入所定員は、[19 人以下・25 人以下] である。(26-45-4)

❾ 介護医療院について、療養室入所者 1 人当たりの床面積は、[5.0m^2 以上・8.0m^2 以上] とされている。(26-45-5)

解 答

WB参照ページ

① 指定看護小規模多機能型居宅介護について、居宅で生活している ［**要支援者は利用できない**］。　WB　p.319

② 指定看護小規模多機能型居宅介護について、看護小規模多機能型居宅介護計画の作成に当たっては、［**利用者の多様な活動**］ が確保されるものとなるように努めなければならない。　WB　p.320

③ 指定看護小規模多機能型居宅介護について、看護サービスの提供開始時は、主治の医師による指示を ［**文書で**］ 受けなければならない。　WB　p.321

④ 指定看護小規模多機能型居宅介護について、サテライト型指定看護小規模多機能型居宅介護事業所の登録定員は、［**18 人以下**］ である。　WB　p.319

⑤ 指定看護小規模多機能型居宅介護について、看護小規模多機能型居宅介護費は、［**月単位で**］ 設定されている。　WB　p.322

⑥ 介護医療院について、［**住まいと生活を医療が支える**］ 新たなモデルとして創設された。　WB　p.334

⑦ 介護医療院について、療養床には、［**Ⅰ型療養床とⅡ型療養床**］ がある。　WB　p.332

⑧ 介護医療院について、併設型小規模介護医療院の入所定員は、［**19 人以下**］ である。　WB　p.333

⑨ 介護医療院について、療養室入所者 1 人当たりの床面積は、［**$8.0m^2$ 以上**］ とされている。　WB　p.334

問 題

1 介護保険における訪問介護について正しいものをすべて選んでください。(26-50)

● 掃除の際に特別な手間をかけて行う床のワックスがけは、生活援助
として算定できる。　　　　　　　　　　　　　　　　　　　　○ or ×

● 手助けや声かけ及び見守りしながら、利用者と一緒に行うシーツ交
換は、身体介護として算定できる。　　　　　　　　　　　　　○ or ×

● 夏服と冬服を入れ替えるなどの衣類の整理は、生活援助として算定
できる。　　　　　　　　　　　　　　　　　　　　　　　　○ or ×

● 訪問介護員が車いす等での移動介助を行って店に行き、利用者本人
が自ら品物を選べるようにする援助は、身体介護として算定できる。　○ or ×

● 安否確認を主たる目的とする訪問は、生活援助として算定できる。　○ or ×

2 介護保険における住宅改修について正しいものをすべて選んでください。(26-54)

● 同一の住宅に複数の被保険者が居住する場合においては、住宅改修
費の支給限度額の管理は被保険者ごとに行われる。　　　　　　○ or ×

● リフト等動力により段差を解消する機器を設置する工事は、住宅改
修費の支給対象となる。　　　　　　　　　　　　　　　　　○ or ×

● 洋式便器等への取替えには、既存の便器の位置や向きを変更する場
合も含まれる。　　　　　　　　　　　　　　　　　　　　　○ or ×

● 浴室内すのこを置くことによる段差の解消は、住宅改修費の支給対
象となる。　　　　　　　　　　　　　　　　　　　　　　　○ or ×

● 手すりの取付けのための壁の下地補強は、住宅改修費の支給対象と
なる。　　　　　　　　　　　　　　　　　　　　　　　　　○ or ×

試験はこう出る！　右の QR コードから実際に出題された問題を確認することができます。

解 答

WB参照ページ

① WB p.397〜399

☒ → 日常的に行われる家事の範囲を超える行為（家具・電気器具等の移動、大掃除、窓のガラス磨き、床のワックスがけ、室内外家屋の修理など）は「日常生活の援助」に該当しない行為として、介護保険の生活援助の範囲に含まれない。

⭕ ●手助けや声かけ及び見守りしながら、利用者と一緒に行うシーツ交換は、身体介護として算定できる。

⭕ ●夏服と冬服を入れ替えるなどの衣類の整理は、生活援助として算定できる。

⭕ ●訪問介護員が車いす等での移動介助を行って店に行き、利用者本人が自ら品物を選べるようにする援助は、身体介護として算定できる。

☒ → 訪問介護の内容が単なる本人の安否確認や健康チェックであり、それに伴い若干の身体介護または生活援助を行う場合には、訪問介護費は算定できない。

② WB p.434〜436

⭕ ●同一の住宅に複数の被保険者が居住する場合においては、住宅改修費の支給限度額の管理は被保険者ごとに行われる。

☒ → 介護保険における住宅改修について、昇降機、リフト、段差解消機等動力により段差を解消する機器を設置する工事は除かれる。

⭕ ●洋式便器等への取替えには、既存の便器の位置や向きを変更する場合も含まれる。

☒ → 介護保険における住宅改修について、浴室内すのこを置くことによる段差の解消は除かれる。

⭕ ●手すりの取付けのための壁の下地補強は、住宅改修費の支給対象となる。

第**2**章

介護支援分野

①要介護認定および要支援認定

次の文章が正しい内容になるよう、[　　　] のうち、いずれかを○で囲んでください。

問題

❶ 要介護認定の認定調査について、更新認定の調査は、介護支援専門員に委託することが [**できる・できない**]。(24-16-3)

❷ 要介護認定の認定調査について、更新認定の調査は、指定居宅介護支援事業者に委託 [**できる・できない**]。(22-22-3)

❸ 要介護認定の仕組みについて、主治医がいない場合には、[**市町村・都道府県・介護認定審査会・介護保険審査会**] が指定する医師が主治医意見書を作成する。(25-8-3)

❹ 要介護認定の認定調査について、被保険者が正当な理由なく認定調査に応じない場合には、市町村は申請を却下 [**しなければならない・することができる**]。(24-16-4)

❺ 要介護認定について、介護認定審査会は、[**市町村・都道府県・厚生労働大臣**] が定める基準に従い、審査判定を行う。(24-18-2)

❻ 要介護認定に係る主治医意見書について、[**介護認定審査会・国民健康保険団体連合会**] に通知される。(23-19-4)

❼ 要介護認定について、介護認定審査会は、被保険者の要介護状態の軽減又は悪化の防止のために必要な療養について、市町村に意見を述べることが [**できる・できない**]。(24-18-5)

❽ 介護認定審査会について、委員は、要介護者等の保健、医療又は福祉に関する [**実務経験・学識経験**] を有する者のうちから任命される。(23-18-2)

❾ 要介護認定の更新認定について、更新認定の有効期間は、原則として、[**12 月間・24 月間**] である。(24-17-4)

❿ 要介護認定について、市町村が特に必要と認める場合には、新規認定の有効期間を [**3月間・6 月間**] から [**12 月間・36 月間**] までの範囲内で定めることができる。(22-23-5)

⓫ 要介護認定について、更新認定の申請ができるのは、原則として、有効期間満了日の [**30 日前・60 日前**] からである。(22-23-1)

解答

① 要介護認定の認定調査について、更新認定の調査は、介護支援専門員に委託することが［できる］。 WB p.31

② 要介護認定の認定調査について、更新認定の調査は、指定居宅介護支援事業者に委託［できる］。 WB p.31

③ 要介護認定の仕組みについて、主治医がいない場合には、［市町村］が指定する医師が主治医意見書を作成する。 WB p.32

④ 要介護認定の認定調査について、被保険者が正当な理由なく認定調査に応じない場合には、市町村は申請を却下［することができる］。 WB p.32、p.38

⑤ 要介護認定について、介護認定審査会は、［厚生労働大臣］が定める基準に従い、審査判定を行う。 WB p.35

⑥ 要介護認定に係る主治医意見書について、［介護認定審査会］に通知される。 WB p.32

⑦ 要介護認定について、介護認定審査会は、被保険者の要介護状態の軽減又は悪化の防止のために必要な療養について、市町村に意見を述べることが［できる］。 WB p.35

⑧ 介護認定審査会について、委員は、要介護者等の保健、医療又は福祉に関する［学識経験］を有する者のうちから任命される。 WB p.39

⑨ 要介護認定の更新認定について、更新認定の有効期間は、原則として、［12月間］である。 WB p.37

⑩ 要介護認定について、市町村が特に必要と認める場合には、新規認定の有効期間を［3月間］から［12月間］までの範囲内で定めることができる。 WB p.37

⑪ 要介護認定について、更新認定の申請ができるのは、原則として、有効期間満了日の［60日前］からである。 WB p.37

⑫ 「正当な理由なしに、職権による要介護状態区分の変更認定を行うための市町村による調査に応じないとき」は、被保険者の要介護認定を市町村が取り消すことが [**できる・できない**]。(23-17-5)

⑬ 要介護認定の仕組みについて、要介護者が他市町村に所在する介護老人福祉施設に入所する場合には、その施設所在地の市町村の認定を改めて受ける [**必要がある・必要はない**]。(25-8-4)

これだけはおさえておきたい！ 💡

○新規認定調査・更新認定調査

　新規認定調査ができるのは、市町村、指定市町村事務受託法人のみ。

　更新認定調査は、市町村、指定市町村事務受託法人に加え、地域包括支援センター、指定居宅介護支援事業者、地域密着型介護老人福祉施設、介護保険施設ができる。

	新規認定調査	更新認定調査（＊2）
市町村	○	○
指定市町村事務受託法人（＊1）	○	○
地域包括支援センター	×	○
指定居宅介護支援事業者	×	○（＊3）
地域密着型介護老人福祉施設	×	○（＊3）
介護保険施設	×	○（＊3）

＊1　認定調査員は、市町村職員のほか介護支援専門員であることが原則である。なお、指定市町村事務受託法人における認定調査については、介護支援専門員のほか「保健、医療、福祉に関する専門的知識を有する者」が行うことも認められている。

＊2　介護支援専門員（公正かつ誠実な業務遂行その他の介護支援専門員の義務に違反したことのない者）も更新認定調査を行うことができる。

＊3　利益の収受・供与の禁止について違反したことのない者

⑫ 「正当な理由なしに、職権による要介護状態区分の変更認定を行うための
市町村による調査に応じないとき」は、被保険者の要介護認定を市町村
が取り消すことが ［できる］。

WB　p.38

⑬ 要介護認定の仕組みについて、要介護者が他市町村に所在する介護老人
福祉施設に入所する場合には、その施設所在地の市町村の認定を改めて
受ける ［必要はない］。

WB　p.23

○要介護認定等の有効期間

申請区分等	認定有効期間（原則）	認定可能な認定有効期間の範囲
新規申請	6か月	3〜12か月
区分変更申請		
更新申請	12か月	原則3〜36か月（要介護度・要支援度が変わらない場合は3〜48か月）

○介護認定審査会

　要介護認定等にかかる審査・判定を行う。一次判定の結果や主治医の意見書等をもとに二次判定を行い、最終的な結果を市町村に通知する。

設　置：市町村
委　員：保健・医療・福祉の学識経験者
任　期：2年（ただし、2年を超え3年以下の期間で、市町村が条例によって定める期間）
合議体：合議体を構成する委員の定数は5人を標準として市町村が定める数。更新認定の
　　　　場合等は、5人より少ない人数を定めることができる。ただし、3人を下回ること
　　　　はできない。

問 題

1 **要介護認定に係る主治医意見書**について、要介護認定を受けようとする被保険者は、申請書に添付しなければならない。(23-19-5)

[   ]

2 要介護認定の認定調査について、新規認定の調査は、**指定居宅介護支援事業者**が行う。(24-16-2)

[   ]

3 要介護認定について、指定居宅介護支援事業者は、**新規認定の調査を行える**。(25-18-4)

[   ]

4 要介護認定の仕組みについて、介護保険料を滞納している者は、**認定を受けることができない**。(25-8-5)

[   ]

5 要介護認定について、**一次判定は市町村が行い、二次判定は都道府県が行う**。(24-18-1)

[   ]

6 介護認定審査会について、**要介護認定の有効期間を定める**。(23-18-3)

[   ]

7 要介護認定について、新規認定の効力は、**認定調査を受けた日**にさかのぼって生ずる。(22-23-2)

[   ]

解 答

① <u>介護保険被保険者証</u>について、要介護認定を受けようとする被保険者は、申請書に添付しなければならない。

WB p.30

② 要介護認定の認定調査について、新規認定の調査は、<u>市町村の担当職員</u>が行う。

WB p.31

③ 要介護認定について、指定居宅介護支援事業者は、<u>新規の要介護認定にかかる調査を行うことはできない</u>。

WB p.31

④ 要介護認定の仕組みについて、介護保険料を滞納している者は、<u>保険給付の制限等の措置を受ける</u>。

WB p.94

⑤ 要介護認定について、<u>一次判定は国が配布した一次判定用ソフトウェアによって行われ、二次判定は市町村に置かれた介護認定審査会で行う</u>。

WB p.34

⑥ 介護認定審査会について、<u>要介護認定の有効期間について意見を付すことができる</u>。

WB p.35

⑦ 要介護認定について、新規認定の効力は、<u>申請日</u>にさかのぼって生ずる。

WB p.36

問題

1 要介護認定について申請代行を行うことができるものとして正しいものをすべて選んでください。（22-21）

- 指定地域密着型特定施設入居者生活介護事業者　　　　　　　　○ or ✕
- 指定居宅介護支援事業者　　　　　　　　　　　　　　　　　　○ or ✕
- 指定認知症対応型共同生活介護事業者　　　　　　　　　　　　○ or ✕
- 地域包括支援センター　　　　　　　　　　　　　　　　　　　○ or ✕
- 地域密着型介護老人福祉施設　　　　　　　　　　　　　　　　○ or ✕

これだけはおさえておきたい！

○保険料を滞納した場合の保険給付の制限等

　滞納している期間に応じて、保険給付の制限措置がとられます。

滞納している期間	保険給付の制限
1 年以上	保険給付の支払方法の変更（償還払い化） 費用の全額（10 割）をいったん支払い、申請によって保険給付費（費用の 9 割、8 割または 7 割）が後日、払い戻される（支払い方法の変更について被保険者証に記載される）。
1 年 6 か月以上	保険給付の一時差止 申請により払い戻されるはずの保険給付費（費用の 9 割、8 割または 7 割）の一部または全部が一時的に差止めになる。
2 年以上	保険給付の減額 利用者負担割合が 1 割と 2 割の場合は 3 割に、3 割の場合は 4 割に引き上げられる。また、高額介護サービス費の支給が受けられなくなる。

試験はこう出る！ 右の QR コードから実際に出題された問題を確認することができます。

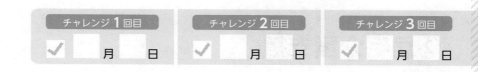
解 答

WB参照ページ

① WB p.31

☒

☑ ● 指定居宅介護支援事業者

☒

☑ ● 地域包括支援センター

☑ ● 地域密着型介護老人福祉施設

○介護認定審査会の意見

　介護認定審査会では、要介護状態等区分の決定後、必要と考えられる場合には、次のとおり意見を述べることができます。

要介護認定の場合

・認定の有効期間
・被保険者の要介護状態の軽減または悪化の防止のために必要な療養に関する事項
・居宅サービス、地域密着型サービス、施設サービスの有効な利用等に関し被保険者が留意すべき事項

について意見を付する。

要支援認定の場合

・認定の有効期間
・被保険者の要支援状態の軽減または悪化の防止のために必要な療養および家事にかかる援助に関する事項
・介護予防サービス、地域密着型介護予防サービス、介護予防・日常生活支援総合事業の適切かつ有効な利用等に関し被保険者が留意すべき事項

について意見を付する。

②居宅介護支援

次の文章が正しい内容になるよう、[   ] のうち、いずれかを○で囲んでください。

問 題

1 指定居宅介護支援の業務について、[**指定居宅介護支援の提供の開始に際し・要介護認定の申請に際し**]、あらかじめ、複数の指定居宅サービス事業者等の紹介を求めることができることを利用者に説明しなければならない。(22-15-5)

2 指定居宅介護支援におけるアセスメントについて、現在利用しているサービスの状況について、介護保険給付以外のものを [**含めて・含めず**] 把握する。(24-20-2)

3 指定居宅介護支援におけるサービス担当者会議について、開催の日程調整を行ったが、サービス担当者の事由により参加が得られなかったときは、サービス担当者への照会等により意見を求めることが [**できる・できない**]。(23-22-2)

4 指定居宅介護支援等の事業の人員及び運営に関する基準第13条の具体的取扱方針のうち、介護支援専門員に係るものとして、居宅サービス計画の原案の内容について利用者やその家族に対して説明し、[**口頭で・文書により**] 利用者の同意を得るものとする。(25-19-3)

5 指定居宅介護支援に係るモニタリングについて、利用者についての継続的なアセスメントは、[**含まれる・含まれない**]。(25-21-1)

6 指定居宅介護支援に係るモニタリングについて、目標の達成度の把握は、[**含まれる・含まれない**]。(25-21-2)

7 指定居宅介護支援等の事業の人員及び運営に関する基準第13条の具体的取扱方針のうち、介護支援専門員に係るものとして、介護保険施設等から退院又は退所しようとする要介護者から依頼があった場合には、[**あらかじめ・退院又は退所後**]、居宅サービス計画の作成等の援助を行うものとする。(25-19-5)

8 指定居宅介護支援等の事業の人員及び運営に関する基準第13条の具体的取扱方針のうち介護支援専門員に係るものとして、利用者が通所リハビリテーションの利用を希望しているときは、利用者の同意を得て [**主治の医師・介護認定審査会**] 等の意見を求めなければならない。(23-20-5)

9 居宅サービス計画の作成について、被保険者証に [**認定審査会意見・主治の医師等の意見**] の記載がある場合には、これに沿って作成する。(24-21-4)

解答

① 指定居宅介護支援の業務について、[指定居宅介護支援の提供の開始に際し]、あらかじめ、複数の指定居宅サービス事業者等の紹介を求めることができることを利用者に説明しなければならない。

WB p.150

② 指定居宅介護支援におけるアセスメントについて、現在利用しているサービスの状況について、介護保険給付以外のものを [含めて] 把握する。

WB p.142

③ 指定居宅介護支援におけるサービス担当者会議について、開催の日程調整を行ったが、サービス担当者の事由により参加が得られなかったときは、サービス担当者への照会等により意見を求めることが [できる]。

WB p.142

④ 指定居宅介護支援等の事業の人員及び運営に関する基準第13条の具体的取扱方針のうち、介護支援専門員に係るものとして、居宅サービス計画の原案の内容について利用者やその家族に対して説明し、[文書により] 利用者の同意を得るものとする。

WB p.145

⑤ 指定居宅介護支援に係るモニタリングについて、利用者についての継続的なアセスメントは、[含まれる]。

WB p.146

⑥ 指定居宅介護支援に係るモニタリングについて、目標の達成度の把握は、[含まれる]。

WB p.146

⑦ 指定居宅介護支援等の事業の人員及び運営に関する基準第13条の具体的取扱方針のうち、介護支援専門員に係るものとして、介護保険施設等から退院又は退所しようとする要介護者から依頼があった場合には、[あらかじめ]、居宅サービス計画の作成等の援助を行うものとする。

WB p.142

⑧ 指定居宅介護支援等の事業の人員及び運営に関する基準第13条の具体的取扱方針のうち介護支援専門員に係るものとして、利用者が通所リハビリテーションの利用を希望しているときは、利用者の同意を得て [主治の医師] 等の意見を求めなければならない。

WB p.142

⑨ 居宅サービス計画の作成について、被保険者証に [認定審査会意見] の記載がある場合には、これに沿って作成する。

WB p.143

❿ 指定居宅介護支援等の事業の人員及び運営に関する基準第13条の具体的取扱方針のうち介護支援専門員に係るものとして、要介護認定を受けている利用者が要支援認定を受けたときは、[**指定介護予防支援事業者・市町村**] と当該利用者に係る必要な情報を提供する等の連携を図るものとする。(23-20-1)

これだけはおさえておきたい！ 💡

○内容および手続の説明および同意
指定居宅介護支援の提供の開始に際し、あらかじめ

・居宅サービス計画が基本方針および利用者の希望に基づき作成されるものであり、利用者は複数の指定居宅サービス事業者等を紹介するよう求めることができること

・過去6か月間に事業所において作成された居宅サービス計画の総数のうち、訪問介護、通所介護、福祉用具貸与および地域密着型通所介護（訪問介護等）がそれぞれ位置づけられた居宅サービス計画の数が占める割合

について説明を行い、理解を得なければならない。

・過去6か月間に事業所において作成された居宅サービス計画に位置づけられた訪問介護等ごとの回数のうち、同一の居宅サービス事業者・地域密着型サービス事業者によって提供されたものが占める割合

指定居宅介護支援の提供の開始に際し、あらかじめ

・(利用者が病院または診療所に入院する必要が生じた場合) 介護支援専門員の氏名および連絡先

を病院または診療所に伝えるよう求めなければならない。

⑩ 指定居宅介護支援等の事業の人員及び運営に関する基準第13条の具体的取扱方針のうち介護支援専門員に係るものとして、要介護認定を受けている利用者が要支援認定を受けたときは、[指定介護予防支援事業者]と当該利用者に係る必要な情報を提供する等の連携を図るものとする。

WB　p.152

○管理者

事業所の管理者については、次のとおり定められている。

・主任介護支援専門員であって

（2027（令和9）年3月31日までの間、経過措置あり）

・もっぱら管理者の職務に従事する

・常勤の者

管理者が、自身の管理する事業所の介護支援専門員の職務に従事する場合、同一敷地内にあるほかの事業所の職務に従事する場合は、必ずしも、もっぱら管理職の職務に従事する常勤の者でなくとも差し支えないとされている。

また、「もっぱらその職務に従事する」とは、「原則としてサービス提供時間帯を通じてそのサービス以外の職務に従事しない」ことをいう。

○介護支援専門員の員数

・事業所ごとに常勤の介護支援専門員1人以上を配置

・介護支援専門員の員数は利用者35人またはその端数を増すごとに1人を基準とする（増員する介護支援専門員は非常勤でも構わない）

○主任介護支援専門員

介護支援専門員のうち、主任介護支援専門員研修を修了した者をいう。居宅介護支援事業所の管理者は主任介護支援専門員でなければならない。

なお、居宅介護支援事業所の管理者の要件として、研修の受講が義務づけられているわけではない。

問題

1 指定居宅介護支援事業者について、管理者は、**管理者研修の受講が義務づけられている**。（22-6-3）

[　　　　　　　　　　　]

2 指定居宅介護支援事業について、**通常の事業の実施地域を越えて、指定居宅介護支援を行ってはならない**。（24-19-2）

[　　　　　　　　　　　]

3 指定居宅介護支援事業者について、指定居宅介護支援の提供の開始に際し、利用者に入院する必要が生じたときは、**身元引受人**の氏名と連絡先を入院先の病院又は診療所に伝えるよう、あらかじめ利用者や家族に求めなければならない。（23-21-2）

[　　　　　　　　　　　]

4 指定居宅介護支援事業者について、通常の事業の実施地域等を勘案し、自ら適切な指定居宅介護支援を提供することが困難なときは、**介護保険施設**を紹介するなど必要な措置を講じなければならない。（23-21-4）

[　　　　　　　　　　　]

5 指定居宅介護支援事業について、サービス担当者会議において利用者の個人情報を用いる場合には、あらかじめ**市町村**の同意を文書により得ておかなければならない。（24-19-5）

[　　　　　　　　　　　]

6 指定居宅介護支援事業者の記録の整備について、居宅介護支援台帳は、**書面による記録と電磁的記録の両方を整備しなければならない**。（25-20-1）

[　　　　　　　　　　　]

7 指定居宅介護支援事業者の記録の整備について、事故の状況及び**再発生を防ぐための対策**についての記録を整備しなければならない。（25-20-2）

[　　　　　　　　　　　]

解 答

WB参照ページ

① 指定居宅介護支援事業者について、管理者は、<u>主任介護支援専門員</u>でなければならない。

WB p.150

② 指定居宅介護支援事業について、<u>通常の事業の実施地域は、利用申込に係る調整等の観点からの目安であり、当該地域を越えて指定居宅介護支援が行われることを妨げるものではない</u>。

③ 指定居宅介護支援事業者について、指定居宅介護支援の提供の開始に際し、利用者に入院する必要が生じたときは、<u>介護支援専門員</u>の氏名と連絡先を入院先の病院又は診療所に伝えるよう、あらかじめ利用者や家族に求めなければならない。

WB p.150

④ 指定居宅介護支援事業者について、通常の事業の実施地域等を勘案し、自ら適切な指定居宅介護支援を提供することが困難なときは、<u>他の指定居宅介護支援事業者</u>を紹介するなど必要な措置を講じなければならない。

WB p.151

⑤ 指定居宅介護支援事業について、サービス担当者会議において利用者の個人情報を用いる場合には、あらかじめ<u>本人</u>の同意を文書により得ておかなければならない。

WB p.153

⑥ 指定居宅介護支援事業者の記録の整備について、居宅介護支援台帳は、<u>書面に代えて、電磁的記録により行うことができる</u>。

WB p.154

⑦ 指定居宅介護支援事業者の記録の整備について、事故の状況及び<u>事故に際して採った処置</u>についての記録を整備しなければならない。

WB p.154

8 居宅サービス計画の作成について、**地域の住民による自発的な活動によるサービスは含めない**。(24-21-2)

9 指定居宅介護支援におけるアセスメントについて、**いかなる場合であっても必ず利用者の居宅を訪問し、利用者及びその家族に面接して行わなければならない**。(24-20-3)

10 指定居宅介護支援事業について、サービス担当者会議には、**利用者及びその家族を必ず参加させなければならない**。(24-19-3)

11 指定居宅介護支援等の事業の人員及び運営に関する基準第 13 条の具体的取扱方針のうち、介護支援専門員に係るものとして、作成した居宅サービス計画は、**利用者から求めがなければ、利用者に交付しなくてもよい**。(25-19-4)

12 指定居宅介護支援に係るモニタリングについて、少なくとも 1 月に 1 回、**主治の医師に意見を求めなければならない**。(25-21-4)

13 指定居宅介護支援等の事業の人員及び運営に関する基準第 13 条の具体的取扱方針のうち介護支援専門員に係るものとして、継続して居宅サービス計画に福祉用具貸与を位置付けるときは、貸与が必要な理由を**記載しなくてもよい**。(23-20-3)

⑧ 居宅サービス計画の作成について、地域の住民による自発的な活動によるサービス等の利用も含めて居宅サービス計画上に位置付けるよう努めなければならない。

WB　p.150

⑨ 指定居宅介護支援におけるアセスメントについて、利用者が入院中であることなど物理的な理由がある場合を除き必ず利用者の居宅を訪問し、利用者及びその家族に面接して行わなければならない。

WB　p.136

⑩ 指定居宅介護支援事業について、サービス担当者会議には、利用者やその家族の参加が望ましくない場合（家庭内暴力等）には、必ずしも参加を求めるものではない。

WB　p.144

⑪ 指定居宅介護支援等の事業の人員及び運営に関する基準第13条の具体的取扱方針のうち、介護支援専門員に係るものとして、作成した居宅サービス計画は、遅滞なく利用者及び担当者に交付しなければならない。

WB　p.145

⑫ 指定居宅介護支援に係るモニタリングについて、少なくとも1月に1回、利用者の居宅で面接を行い、かつ、少なくとも1月に1回はモニタリングの結果を記録しなければならない。

WB　p.146

⑬ 指定居宅介護支援等の事業の人員及び運営に関する基準第13条の具体的取扱方針のうち介護支援専門員に係るものとして、継続して居宅サービス計画に福祉用具貸与を位置付けるときは、貸与が必要な理由を居宅サービス計画に記載しなければならない。

WB　p.143

問題

1 指定居宅介護支援事業者について正しいものをすべて選んでください。(22-6)

● 被保険者証に認定審査会意見の記載があるときは、その意見に配慮した指定居宅介護支援の提供に努めなければならない。　　　　　〇 or ✕

● 事業所の現員では利用申込に応じきれない場合には、サービスの提供を拒むことができる。　　　　　〇 or ✕

● 管理者は、管理者研修の受講が義務づけられている。　　　　　〇 or ✕

● 通常の事業の実施地域以外であっても、交通費を受け取ることはできない。　　　　　〇 or ✕

● 利用者が 30 人の場合には、介護支援専門員は、非常勤で 1 人置けばよい。　　　　　〇 or ✕

2 指定居宅介護支援の業務について、より適切なものをすべて選んでください。(22-15)

● 利用者の身体機能に特化したアセスメントを行う。　　　　　〇 or ✕

● 利用希望者が要介護認定の結果の通知を受ける前に、居宅介護支援を提供してはならない。　　　　　〇 or ✕

● 地域で不足していると認められるサービスがあった場合には、それが地域で提供されるよう関係機関に働きかけることが望ましい。　　　　　〇 or ✕

● 利用者が訪問看護の利用を希望した場合には、利用者の同意を得て主治の医師に意見を求めなければならない。　　　　　〇 or ✕

● 指定居宅介護支援の提供の開始に際し、あらかじめ、複数の指定居宅サービス事業者等の紹介を求めることができることを利用者に説明しなければならない。　　　　　〇 or ✕

解 答

①

○ ● 被保険者証に認定審査会意見の記載があるときは、その意見に配慮した指定居宅介護支援の提供に努めなければならない。 WB p.143

○ ● 事業所の現員では利用申込に応じきれない場合には、サービスの提供を拒むことができる。 WB p.151

✗

✗ → 居宅介護支援事業者は、利用者の選定により通常の事業の実施地域以外の地域の居宅を訪問して居宅介護支援を行う場合には、それに要した交通費の支払いを利用者から受けることができる。 WB p.151

✗ → 介護支援専門員は、居宅介護支援事業所ごとに必ず1人以上を常勤で置くこととされている。 WB p.149

②

✗ → 利用者の有する能力、すでに提供を受けている居宅サービス等のその置かれている環境等の評価を通じて利用者が現に抱える問題点を明らかにする。 WB p.136

✗ → 緊急その他やむを得ない理由により被保険者証を提示しないで居宅介護支援を受けた場合において、市町村が必要があると認めるとき、特例居宅介護サービス計画費が支給される。

○ ● 地域で不足していると認められるサービスがあった場合には、それが地域で提供されるよう関係機関に働きかけることが望ましい。

○ ● 利用者が訪問看護の利用を希望した場合には、利用者の同意を得て主治の医師に意見を求めなければならない。 WB p.142

○ ● 指定居宅介護支援の提供の開始に際し、あらかじめ、複数の指定居宅サービス事業者等の紹介を求めることができることを利用者に説明しなければならない。 WB p.150

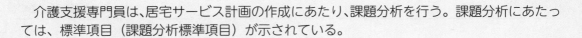

これだけはおさえておきたい！

　介護支援専門員は、居宅サービス計画の作成にあたり、課題分析を行う。課題分析にあたっては、標準項目（課題分析標準項目）が示されている。

○課題分析標準項目

基本情報に関する項目	① 基本情報（受付、利用者等基本情報）
	② これまでの生活と現在の状況
	③ 利用者の社会保障制度の利用情報
	④ 現在利用している支援や社会資源の状況
	⑤ 日常生活自立度（障害）
	⑥ 日常生活自立度（認知症）
	⑦ 主訴・意向
	⑧ 認定情報
	⑨ 今回のアセスメントの理由
課題分析（アセスメント）に関する項目	⑩ 健康状態
	⑪ ADL
	⑫ IADL
	⑬ 認知機能や判断能力
	⑭ コミュニケーションにおける理解と表出の状況
	⑮ 生活リズム
	⑯ 排泄の状況
	⑰ 清潔の保持に関する状況
	⑱ 口腔内の状況
	⑲ 食事摂取の状況
	⑳ 社会との関わり
	㉑ 家族等の状況
	㉒ 居住環境
	㉓ その他留意すべき事項・状況

試験はこう出る！　右の QR コードから実際に出題された問題を確認することができます。

○課題分析の実施

　介護支援専門員は、居宅サービス計画の作成にあたり、利用者のもつ日常生活上の能力や利用者がすでに提供を受けている居宅サービス、介護者の状況といった、利用者を取り巻く環境等の評価を通じ、利用者が生活の質を維持・向上させていくうえで生じている問題点を明らかにし、利用者が自立した日常生活を営むことができるように支援するうえで解決すべき課題を把握する。これをアセスメントという。

　解決すべき課題の把握（アセスメント）にあたっては、利用者の居宅を訪問し、利用者およびその家族に面接して行わなければならないとされている。

③財政構造と保険料

次の文章が正しい内容になるよう、[　　　] のうち、いずれかを○で囲んでください。

問題

1 介護保険財政について、[**国・都道府県**] は、介護保険の財政の調整を行うため、[**都道府県・市町村**] に対して調整交付金を交付する。(25-9-2)

2 介護保険の費用の負担について、介護給付及び予防給付に要する費用の [**50％・77％**] は、公費により賄われる。(24-12-1)

3 介護給付及び予防給付に要する費用について、費用の総額は、[**公費と保険料により・第1号保険料と第2号保険料により**] それぞれ50％ずつ賄われる。(23-12-2)

4 介護保険財政について、[**国・都道府県・市町村・社会保険診療報酬支払基金**] は、介護保険事業に要する費用に充てるため、保険料を徴収しなければならない。(25-9-3)

5 介護保険における [**第1号被保険者・第2号被保険者**] の保険料について、政令で定める基準に従い市町村が条例で定める。(25-10-1)

6 介護保険料について、所得段階別定額保険料の所得区分は原則として9段階であるが、[**都道府県・市町村**] の条例でさらに細分化することができる。(23-11-4)

7 介護保険における第1号被保険者の保険料について、[**特別徴収・普通徴収**] の方法によって徴収する保険料については、世帯主に連帯納付義務がある。(25-10-3)

8 介護保険における第1号被保険者の保険料について、[**政令・条例**] で定めるところにより、特別の理由がある者に対し、保険料を減免し、又はその徴収を猶予することができる。(25-10-5)

9 [**国・都道府県・市町村**] は、財政安定化基金を設けるものとする。(24-11-1)

10 財政安定化基金について、給付費の増大により市町村の介護保険財政に不足が見込まれる場合には、必要な額を [**貸し付ける・交付する**]。(24-11-5)

解 答

WB参照ページ

1 介護保険財政について、[**国**] は、介護保険の財政の調整を行うため、[**市町村**] に対して調整交付金を交付する。　WB　p.91

2 介護保険の費用の負担について、介護給付及び予防給付に要する費用の [**50%**] は、公費により賄われる。　WB　p.91

3 介護給付及び予防給付に要する費用について、費用の総額は、[**公費と保険料により**] それぞれ 50%ずつ賄われる。　WB　p.91

4 介護保険財政について、[**市町村**] は、介護保険事業に要する費用に充てるため、保険料を徴収しなければならない。　WB　p.92

5 介護保険における [**第 1 号被保険者**] の保険料について、政令で定める基準に従い市町村が条例で定める。　WB　p.93

6 介護保険料について、所得段階別定額保険料の所得区分は原則として 9 段階であるが、[**市町村**] の条例でさらに細分化することができる。　WB　p.93

7 介護保険における第 1 号被保険者の保険料について、[**普通徴収**] の方法によって徴収する保険料については、世帯主に連帯納付義務がある。　WB　p.93

8 介護保険における第 1 号被保険者の保険料について、[**条例**] で定めるところにより、特別の理由がある者に対し、保険料を減免し、又はその徴収を猶予することができる。　WB　p.94

9 [**都道府県**] は、財政安定化基金を設けるものとする。　WB　p.97

10 財政安定化基金について、給付費の増大により市町村の介護保険財政に不足が見込まれる場合には、必要な額を [**貸し付ける**]。　WB　p.97

次の選択肢は、アンダーラインを引いた部分が誤っています。 [　　　　] に、正しいものを書いてください。

> 問 題

① 介護保険における第1号被保険者の保険料について、保険料率は、**毎年度改定しなければならない。**（22-9-1）

✎

② 介護保険料について、第2号被保険者負担率は、**市町村が条例で定める。**（23-11-5）

✎

③ 財政安定化基金について、その財源には、**第2号被保険者の保険料も充当する。**（24-11-4）

✎

これだけはおさえておきたい！

○**介護保険制度の財源構成**

・国の負担分のうち、5％相当分は、市町村間の第1号被保険者の所得分布等に応じて調整
・施設等給付の場合は、国20％、都道府県17.5％

公費	50%	国（25%）	都道府県（12.5%）	市町村（12.5%）
保険料	50%	第1号保険料（23%）	第2号保険料（27%）	

第1号被保険者と第2号被保険者の人数比率に基づく割合

試験はこう出る！ 右のQRコードから実際に出題された問題を確認することができます。

解 答

WB参照ページ

① 介護保険における第 1 号被保険者の保険料について、保険料率は、<u>3 年ごとに算定しなければならない</u>。

WB　p.93

② 介護保険料について、第 2 号被保険者負担率は、<u>国が 3 年ごとに、政令で定める</u>。

WB　p.92

③ 財政安定化基金について、その財源には、<u>第 1 号被保険者の保険料を充当する</u>。

WB　p.97

○被保険者種別の保険料徴収方法等

被保険者種別	徴収方法	徴収者	保険料算定	納付管理
第 1 号被保険者	普通徴収	市町村	市町村	市町村
	特別徴収	年金保険者	市町村	市町村
第 2 号被保険者	医療保険料に上乗せ	医療保険者	医療保険者	医療保険者

普通徴収：年額 18 万円に満たない老齢年金等の受給者について、市町村が納入通知書を送付し、保険料を徴収する。

特別徴収：年額 18 万円以上の老齢年金等の受給者について、年金保険者が年金から天引きし、市町村に納入する。

○財政安定化基金

設置：都道府県

　見込みを上回って給付費が増えたり、保険料の収納が不足したりして、市町村の特別会計に赤字が出ることとなった場合に、市町村に対して資金の交付・貸付を行う。

　財政安定化基金の財源は、国、都道府県、市町村がそれぞれ 3 分の 1 ずつ負担する。このうち、市町村の負担分は、第 1 号保険料で賄わなければならない。

④介護保険制度導入の背景等

次の文章が正しい内容になるよう、[　　　] のうち、いずれかを○で囲んでください。

問題

1 2021（令和3）年度末における全国の要介護（要支援）認定者数の状況[*1] として、女性の要介護（要支援）認定者数は、男性の認定者数の **[約2倍・約半分]** である。（23-1-2）

2 2021（令和3）年度末における全国の要介護（要支援）認定者数の状況[*1] として、要介護（要支援）状態区分別でみると、認定者数が **[最も多い・最も少ない]** のは、要介護1である。（23-1-4）

3 2021（令和3）年度の介護保険給付（介護給付及び予防給付）の状況[*2] として、給付費は、前年度に比べて **[増加している・減少している]**。（24-2-2）

[*1]　当時は「2017（平成29）年度末における全国の要介護（要支援）認定者数の状況として」出題された。ここでは、「令和3年度介護保険事業状況報告」を踏まえ、選択肢の表現を一部修正している。
[*2]　当時は「2018（平成30）年度の介護保険給付（介護給付及び予防給付）の状況として」出題された。ここでは、「令和3年度介護保険事業状況報告」を踏まえ、選択肢の表現を一部修正している。

次の選択肢は、アンダーラインを引いた部分が誤っています。[　　　　　　] に、正しいものを書いてください。

4 2020（令和2）年の介護保険法改正について、国及び地方公共団体は、<u>認知症に対する国民の関心及び理解を深め、認知症である者への支援が適切に行われるよう、認知症に関する知識の普及及び啓発に</u>努めなければならないこととされた。（24-1-1）

5 2020（令和2）年の介護保険法改正について、<u>自立支援、介護予防・重度化防止等に関して市町村が取り組むべき施策とその目標に関する事項が、市町村介護保険事業計画に記載される</u>こととなった。（24-1-4）

解 答

1 2020（令和2）年度末における全国の要介護（要支援）認定者数の状況として、女性の要介護（要支援）認定者数は、男性の認定者数の［**約2倍**］である。

2 2020（令和2）年度末における全国の要介護（要支援）認定者数の状況として、要介護（要支援）状態区分別でみると、認定者数が［**最も多い**］のは、要介護1である。

3 2020（令和2）年度の介護保険給付（介護給付及び予防給付）の状況として、給付費は、前年度に比べて［**増加している**］。

4 2020（令和2）年の介護保険法改正について、国及び地方公共団体は、地域住民が相互に人格と個性を尊重し合いながら、参加し、共生する地域社会の実現に資するよう努めなければならないこととされた。

5 2020（令和2）年の介護保険法改正について、厚生労働大臣は、要介護者等に提供されるサービスの内容について調査及び分析を行い、その結果を公表するよう努めるものとされた。

○要介護度別認定者数の推移

要介護（要支援）の認定者数は、2021（令和3）年度末現在約690万人で、この22年間で約2.7倍に。このうち軽度の認定者数の増加が大きい。

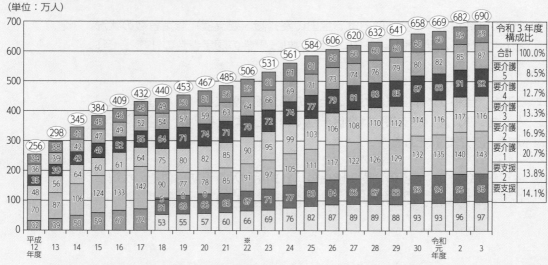

（単位：万人）

	令和3年度構成比
合計	100.0%
要介護5	8.5%
要介護4	12.7%
要介護3	13.3%
要介護2	16.9%
要介護1	20.7%
要支援2	13.8%
要支援1	14.1%

■要支援 ■要支援1 ■要支援2 ■経過的要介護 ■要介護1 ■要介護2 ■要介護3 ■要介護4 ■要介護5

【出典】介護保険事業状況報告
（注）平成29年度から全市町村で介護予防・日常生活支援総合事業を実施している。
※東日本大震災の影響により、平成22年度の数値には福島県内5町1村の数値は含まれていない。

○年度別給付費の推移

（単位：億円）

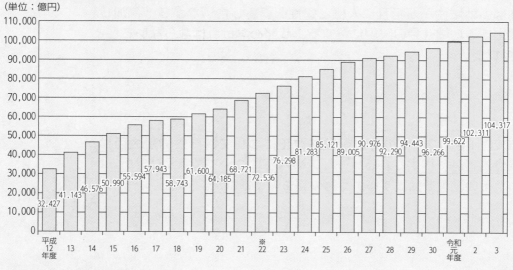

【出典】介護保険事業状況報告
（注）高額介護サービス費、高額医療合算介護サービス費、特定入所者介護サービス費を含む。
※東日本大震災の影響により、平成22年度の数値には福島県内5町1村の数値は含まれていない。

○老老介護

　同居の主な介護者と要介護者等の組合せを年齢階級別にみると、「70〜79歳」の要介護者等では、「70〜79歳」の者が介護している割合が60.8％、「80〜89歳」の要介護者等では、「80歳以上」の者が介護している割合が30.4％で最も多くなっている。年次推移をみると、60歳以上同士、65歳以上同士、75歳以上同士の組合せにおいて、いずれも上昇傾向となっている（2022年国民生活基礎調査の概況）。

○ヤングケアラー

　本来大人が担うと想定されている家事や家族の世話などを日常的に行っているこどものこと（こども家庭庁「ヤングケアラーについて」（https://www.cfa.go.jp/policies/young-carer/））。

○介護離職

　介護離職とは、家族の介護を理由として仕事を辞めざるを得ないこと。「令和4年就業構造基本調査」によれば、2021（令和3）年10月以降1年間で、「介護・看護のため」に離職をした人の数は10万6200人で、このうち、男性は2万6200人、女性は8万人となっている。

これだけはおさえておきたい！

○これまでの改正内容

改正年	主な施行年	主な改正内容
2005 年 （平成 17 年）	2006 年 （平成 18 年）	○新予防給付の創設 ○地域密着型サービスの創設 ○地域包括支援センターの創設 ○介護サービス情報の公表制度の創設 ○居住費・食費の見直し
2008 年 （平成 20 年）	2009 年 （平成 21 年）	○介護サービス事業者に対する法令遵守などの業務管理体制の整備
2011 年 （平成 23 年）	2012 年 （平成 24 年）	○定期巡回・随時対応型訪問介護看護、複合型サービスの創設 ○介護予防・日常生活支援総合事業の創設 ○介護福祉士による喀痰吸引の実施
2014 年 （平成 26 年）	2015 年 （平成 27 年）	○地域支援事業の充実（在宅医療・介護連携推進事業や認知症総合支援事業などの創設、地域ケア会議の創設） ○介護予防訪問介護・介護予防通所介護の地域支援事業への移行 ○介護老人福祉施設の新規入所者を原則、要介護 3 以上に重点化 ○第 1 号被保険者のうち一定以上の所得のある利用者の自己負担を 2 割に引き上げ ○「補足給付」の要件に資産などを追加
2017 年 （平成 29 年）	2018 年 （平成 30 年）	○保険者機能の強化等の取り組みの推進 ○医療・介護の連携の推進等（介護医療院の創設等） ○地域共生社会の実現に向けた取り組みの推進等（共生型サービス事業者の指定の特例等） ○現役世代並みの所得のある層の負担割合を 3 割に（第 1 号被保険者に限る） ○介護給付費・地域支援事業支援納付金への総報酬割の導入
2020 年 （令和 2 年）	2021 年 （令和 3 年）	○地域生活課題の解決に資する市町村の包括的な支援体制の構築の支援 ○地域の特性に応じた認知症施策や介護サービス提供体制の整備等の推進 ○医療・介護のデータ基盤の整備の推進 ○介護人材確保および業務効率化の取り組みの強化

試験はこう出る！ 右の QR コードから実際に出題された問題を確認することができます。

○ 2024年介護保険制度改正の主な内容

Ⅰ. 介護情報基盤の整備	介護保険者が被保険者等にかかる医療・介護情報の収集・提供等を行う事業を医療保険者と一体的に実施
	・被保険者、介護事業者その他の関係者が当該被保険者にかかる介護情報等を共有・活用することを促進する事業を介護保険者である市町村の地域支援事業として位置づけ ・市町村は、当該事業について、医療保険者等と共同して国民健康保険団体連合会・社会保険診療報酬支払基金に委託できることとする（※ 2023（令和5）年5月19日から4年以内の政令で定める日から施行）
Ⅱ. 介護サービス事業者の財務状況等の見える化	介護サービス事業所等の詳細な財務状況等を把握して政策立案に活用するため、事業者の事務負担にも配慮しつつ、財務状況を分析できる体制を整備
	・各事業所・施設に対して詳細な財務状況（損益計算書等の情報）の報告を義務づけ（※職種別の給与（給料・賞与）は任意事項） ・国が、当該情報を収集・整理し、分析した情報を公表
Ⅲ. 介護サービス事業所等における生産性の向上に資する取り組みにかかる努力義務	介護現場における生産性の向上に関して、都道府県を中心に一層取り組みを推進
	・都道府県に対し、介護サービス事業所・施設の生産性の向上に資する取り組みが促進されるよう努める旨の規定を新設　など
Ⅳ. 看護小規模多機能型居宅介護のサービス内容の明確化	看護小規模多機能型居宅介護（以下「看多機」）について、サービス内容の明確化等を通じて、さらなる普及を進める
	・看多機のサービス内容について、サービス拠点での「通い」「泊まり」における看護サービス（療養上の世話または必要な診療の補助）が含まれる旨を明確化　など
Ⅴ. 地域包括支援センターの体制整備等	地域の拠点である地域包括支援センターが地域住民への支援をより適切に行うための体制を整備
	・要支援者に行う介護予防支援について、居宅介護支援事業所（ケアマネ事業所）も市町村からの指定を受けて実施可能とする　など

⑤サービス提供事業者・施設

次の文章が正しい内容になるよう、[　　　] のうち、いずれかを○で囲んでください。

問 題

1 指定居宅サービス事業者の指定について、**[居宅サービスの種類ごと・法人ごと]** に行う。(22-5-2)

2 指定居宅サービス事業者の指定について、**[5年・6年]** ごとに更新を受けなければ、効力を失う。(22-5-3)

3 介護保険施設について、介護老人福祉施設の入所定員は、**[30人以上・50人以上]** でなければならない。(25-7-1)

4 介護保険施設について、介護老人保健施設の管理者となる医師は、都道府県知事の **[承認・指定]** を受けなければならない。(25-7-2)

5 介護サービス情報の公表制度について、原則として、介護サービス事業者は、**[毎年・5年ごとに]**、介護サービス情報を報告する。(25-14-1)

6 介護サービス情報の公表制度について、指定居宅介護支援事業者は、介護サービス情報をその事業所の所在地の **[都道府県知事・市町村長]** に報告する。(25-14-2)

7 介護サービス情報に係る事業者の報告について、指定地域密着型サービス事業者は、その介護サービス情報を **[都道府県知事・市町村長]** に報告しなければならない。(22-13-2)

8 介護サービス情報に係る事業者の報告について、指定居宅サービス事業者は、その介護サービス情報を **[都道府県知事・市町村長]** に報告しなければならない。(22-13-1)

9 介護サービス情報の公表制度について、介護サービス情報の公表は、事業所又は施設の所在地の **[都道府県知事・市町村長・国民健康保険団体連合会]** が行う。(25-14-3)

10 介護サービス情報の公表制度について、職種別の従業者の数は、公表すべき事項に **[含まれる・含まれない]**。(25-14-4)

11 介護サービス情報に係る事業者の報告について、介護サービス事業者が報告する介護サービス情報には、第三者による評価の実施状況が **[含まれる・含まれない]**。(22-13-5)

解 答

WB参照ページ

① 指定居宅サービス事業者の指定について、[**居宅サービスの種類ごと**] に行う。

WB p.72

② 指定居宅サービス事業者の指定について、[**6 年**] ごとに更新を受けなければ、効力を失う。

WB p.70

③ 介護保険施設について、介護老人福祉施設の入所定員は、[**30 人以上**] でなければならない。

WB p.80

④ 介護保険施設について、介護老人保健施設の管理者となる医師は、都道府県知事の [**承認**] を受けなければならない。

WB p.80

⑤ 介護サービス情報の公表制度について、原則として、介護サービス事業者は、[**毎年**]、介護サービス情報を報告する。

WB p.118

⑥ 介護サービス情報の公表制度について、指定居宅介護支援事業者は、介護サービス情報をその事業所の所在地の [**都道府県知事**] に報告する。

WB p.118

⑦ 介護サービス情報に係る事業者の報告について、指定地域密着型サービス事業者は、その介護サービス情報を [**都道府県知事**] に報告しなければならない。

WB p.118

⑧ 介護サービス情報に係る事業者の報告について、指定居宅サービス事業者は、その介護サービス情報を [**都道府県知事**] に報告しなければならない。

WB p.118

⑨ 介護サービス情報の公表制度について、介護サービス情報の公表は、事業所又は施設の所在地の [**都道府県知事**] が行う。

WB p.118

⑩ 介護サービス情報の公表制度について、職種別の従業者の数は、公表すべき事項に [**含まれる**]。

WB p.118

⑪ 介護サービス情報に係る事業者の報告について、介護サービス事業者が報告する介護サービス情報には、第三者による評価の実施状況が [**含まれる**]。

WB p.118

これだけはおさえておきたい！ 💡

○**事業者・施設の指定**

　介護サービスを提供する事業者・施設は、都道府県知事または市町村長の指定（または許可）を受ける必要がある。指定は原則として事業者・施設の申請に基づいて行われる。

都道府県知事による指定	指定居宅サービス事業者 指定介護予防サービス事業者 指定介護老人福祉施設 指定介護療養型医療施設（＊）
都道府県知事による許可	介護老人保健施設 介護医療院
市町村長による指定	指定地域密着型サービス事業者 指定地域密着型介護予防サービス事業者 指定居宅介護支援事業者 指定介護予防支援事業者

＊指定介護療養型医療施設は、2012（平成24）年4月から新規指定はない。現存の施設のみが2024（令和6）年3月末まで有効。

○**指定の特例**

　病院、診療所などについては、特例により介護（介護予防）サービス事業者としての指定があったものとみなされる。これを「みなし指定」という。

	指定があったと「みなされる」サービス
病院または診療所	訪問看護／介護予防訪問看護 訪問リハビリテーション／介護予防訪問リハビリテーション 居宅療養管理指導／介護予防居宅療養管理指導 通所リハビリテーション／介護予防通所リハビリテーション 短期入所療養介護／介護予防短期入所療養介護（＊）
薬局	居宅療養管理指導／介護予防居宅療養管理指導
介護老人保健施設 介護医療院	通所リハビリテーション／介護予防通所リハビリテーション 短期入所療養介護／介護予防短期入所療養介護

＊療養病床を有する病院または診療所に限る。

○**介護サービス情報の報告**
① 介護サービスの提供を開始しようとするとき
② 都道府県知事が毎年定める計画で定めるとき
　都道府県知事は、報告の方法、期限などを記した介護サービス情報の報告に関する計画（報告計画）を毎年定め、公表することとされている。

○**都道府県知事による調査**
　介護サービス事業者から報告を受けた都道府県知事は、必要があると認めるときは、調査を行うことができる。

○**調査命令、指定の取消等**
・報告をしなかった場合
・虚偽の報告をした場合
・都道府県知事による調査を受けなかった場合
・調査の実施を妨害した場合
　都道府県知事は、指定居宅サービス事業者、介護保険施設など都道府県知事が指定（または許可）を行う事業者が、命令に従わないときは、指定（または許可）の取消や、期間を定めて効力の全部または一部の停止をすることができる。

試験はこう出る！　右の QR コードから実際に出題された問題を確認することができます。

問 題

❶ 通所によるサービスについて、指定介護予防通所リハビリテーションでは、**介護支援専門員**により介護予防通所リハビリテーション計画の実施状況の把握が行われなければならない。(23-10-2)

[   ]

❷ 介護サービス情報の公表制度について、指定居宅サービス事業者が報告内容の是正命令に従わないときには、**居宅介護サービス費の支払いを受けられないことがある**。(25-14-5)

[   ]

❸ 介護サービス情報に係る事業者の報告について、介護サービス事業者がその介護サービス情報を報告しなかった場合には、**介護保険審査会の審理を受けることがある**。(22-13-3)

[   ]

❹ 介護サービス情報に係る事業者の報告について、介護サービス事業者がその介護サービス情報を報告するのは、**その介護サービスの提供を開始するときのみである**。(22-13-4)

[   ]

❺ 介護保険に関して**市町村**が有する権限について、介護サービス情報について、指定居宅サービス事業者を調査する。(23-16-5)

[   ]

48

解答

① 通所によるサービスについて、指定介護予防通所リハビリテーションでは、医師等の従業者により介護予防通所リハビリテーション計画の実施状況の把握が行われなければならない。

WB p.306

② 介護サービス情報の公表制度について、指定居宅サービス事業者が報告内容の是正命令に従わないときには、指定を取り消されることがある。

WB p.119

③ 介護サービス情報に係る事業者の報告について、介護サービス事業者がその介護サービス情報を報告しなかった場合には、その指定又は許可が取り消されることがある。

WB p.119

④ 介護サービス情報に係る事業者の報告について、介護サービス事業者がその介護サービス情報を報告するのは、介護サービスの提供を開始しようとするときと、都道府県知事が毎年定める介護サービス情報の報告に関する計画で定められたときである。

WB p.118

⑤ 介護保険に関して都道府県が有する権限について、介護サービス情報について、指定居宅サービス事業者を調査する。

WB p.120

問題

1 介護サービス情報の公表制度における居宅介護支援に係る公表項目として正しいものをすべて選んでください。(24-15)

● サービス担当者会議の開催等の状況	○ or ×
● 入退院に当たっての支援のための取組の状況	○ or ×
● ターミナルケアの質の確保のための取組の状況	○ or ×
● 利用者のプライバシーの保護のための取組の状況	○ or ×
● 身体的拘束等の排除のための取組の状況	○ or ×

解 答

①

○	●サービス担当者会議の開催等の状況
○	●入退院に当たっての支援のための取組の状況
✕	
○	●利用者のプライバシーの保護のための取組の状況
✕	

これだけはおさえておきたい！ 💡

○居宅介護支援にかかる運営情報

大項目	中項目
1　介護サービスの内容に関する事項	1　介護サービスの提供開始時における利用者等、入所者等または入院患者等に対する説明および契約等にあたり、利用者、入所者または入院患者等の権利擁護等のために講じている措置
	2　利用者本位の介護サービスの質の確保のために講じている措置
	3　相談、苦情等の対応のために講じている措置
	4　介護サービスの内容の評価、改善等のために講じている措置
	5　介護サービスの質の確保、透明性の確保等のために実施している外部の者等との連携
2　介護サービスを提供する事業所または施設の運営状況に関する事項	6　適切な事業運営の確保のために講じている措置
	7　事業運営を行う事業所の運営管理、業務分担、情報の共有等のために講じている措置
	8　安全管理および衛生管理のために講じている措置
	9　情報の管理、個人情報保護等のために講じている措置
	10　介護サービスの質の確保のために総合的に講じている措置

小項目
① 介護サービスの提供開始時における利用者等に対する説明および利用者等の同意の取得の状況
② 利用者等に関する情報の把握および課題の分析の実施の状況
③ 利用者の状態に応じた訪問介護計画等の介護サービスにかかる計画の作成および利用者等の同意の取得の状況
④ 認知症の利用者に対する介護サービスの質の確保のための取り組みの状況
⑤ 利用者のプライバシーの保護のための取り組みの状況
⑥ 要介護認定等の申請にかかる援助の取り組みの状況
⑦ 入退院または入退所にあたっての支援のための取り組みの状況
⑧ 公正・中立な当該サービスのための取り組みの状況
⑨ 相談、苦情等の対応のための取り組みの状況
⑩ 介護サービスの提供状況の把握のための取り組みの状況
⑪ 介護サービスにかかる計画等の見直しの実施の状況
⑫ 他の介護サービス事業者等との連携の状況
⑬ サービス担当者会議（指定居宅介護支援等基準第 13 条第 9 号に規定するサービス担当者会議をいう）の開催等の状況
⑭ 従業者等に対する従業者等が守るべき倫理、法令等の周知等の実施の状況
⑮ 計画的な事業運営のための取り組みの状況
⑯ 事業運営の透明性の確保のための取り組みの状況
⑰ 介護サービスの提供にあたって改善すべき課題に対する取り組みの状況
⑱ 事業所における役割分担等の明確化のための取り組みの状況
⑲ 介護サービスの提供のために必要な情報について従業者間で共有するための取り組み状況
⑳ 従業者からの相談に対する対応および従業者に対する指導の実施の状況
㉑ 安全管理および衛生管理のための取り組みの状況
㉒ 個人情報の保護の確保のための取り組みの状況
㉓ 介護サービスの提供記録の開示の実施の状況
㉔ 従業者等の計画的な教育、研修等の実施の状況
㉕ 利用者等の意向等を踏まえた介護サービスの提供内容の改善の実施の状況
㉖ 介護サービスの提供のためのマニュアル等の活用および見直しの実施の状況

⑥保険者および被保険者

次の文章が正しい内容になるよう、[　　　] のうち、いずれかを○で囲んでください。

問題

❶ 介護保険の被保険者資格の取得及び喪失について、被保険者が死亡した場合は、その [**当日・翌日**] から、被保険者資格を喪失する。（25-5-5）

❷ 介護保険の被保険者資格の取得及び喪失について、入所前の住所地とは別の市町村に所在する養護老人ホームに措置入所した者は、[**入所前の住所地のある市町村・その養護老人ホームが所在する市町村**] の被保険者となる。（25-5-3）

❸ 地域包括支援センターの職員の員数は、介護保険法において [**都道府県が条例で・市町村が条例で**] 定めることとされている事項である。（24-6-5）

これだけはおさえておきたい！ 💡

○資格取得

第1号被保険者	① 65歳に達したとき（65歳の誕生日の前日。1日生まれの場合、前月末日が資格取得日）
	② 65歳以上の人が市町村の区域内に住所を有するに至ったとき（転入したとき）
第2号被保険者	③ 医療保険加入者が40歳に達したとき
	④ 40歳以上65歳未満の医療保険加入者が市町村の区域内に住所を有するに至ったとき（転入したとき）
	⑤ 40歳以上65歳未満の人が医療保険に加入したとき

①、③、⑤はその市町村に住所のあることが前提

○資格喪失

- その市町村の区域内に住所を有しなくなった日の翌日（転出した日の翌日）。ただし、市町村の区域内に住所を有しなくなった日に他の市町村の区域内に住所を有するに至ったときは、その日
- 第2被保険者は、医療保険加入者でなくなった日
- 死亡した日の翌日

解 答

WB参照ページ

① 介護保険の被保険者資格の取得及び喪失について、被保険者が死亡した場合は、その [**翌日**] から、被保険者資格を喪失する。

WB　p.22

② 介護保険の被保険者資格の取得及び喪失について、入所前の住所地とは別の市町村に所在する養護老人ホームに措置入所した者は、[**入所前の住所地のある市町村**] の被保険者となる。

WB　p.23

③ 地域包括支援センターの職員の員数は、介護保険法において [**市町村が条例で**] 定めることとされている事項である。

○市町村の行う主な事務

要介護認定・要支援認定に関する事務	サービス提供事業者に関する事務
・認定事務 ・介護認定審査会の設置	・地域密着型サービス事業者、居宅介護支援事業者、地域密着型介護予防サービス事業者、介護予防支援事業者に対する指定・指定更新・指導監督、運営に関する基準等の設定 ・事業者への報告等の命令と立入検査
保険給付に関する事務	
・介護報酬の審査・支払（国民健康保険団体連合会に委託） ・償還払いの保険給付の支給 ・区分支給限度基準額の上乗せおよび管理 ・種類支給限度基準額の設定 ・市町村特別給付の実施	**市町村介護保険事業計画の策定・変更**
	保険料に関する事務
地域支援事業および保健福祉事業に関する事務	・第1号被保険者の保険料率の決定 ・保険料の普通徴収 ・保険料の特別徴収にかかる対象者の確認・通知 ・保険料滞納被保険者に対する各種措置
・地域支援事業の実施 ・地域包括支援センターの設置等 ・第1号事業を行う事業者の指定・指定更新・指定取消 ・保健福祉事業の実施	

試験はこう出る！ 右のQRコードから実際に出題された問題を確認することができます。

問 題

1 介護保険の第 2 号被保険者について、第 2 号被保険者は、市町村の区域内に住所を有する 40 歳以上 65 歳未満の**者すべてである**。(24-4-1)

[　　　　　　　　　　　　　　　　　　　　]

2 介護保険の第 2 号被保険者について、第 2 号被保険者のうち保険給付の対象者は、**難病法（難病の患者に対する医療等に関する法律）に定める指定難病**を原因として要支援・要介護状態になった者である。(24-4-2)

[　　　　　　　　　　　　　　　　　　　　]

3 介護保険の第 2 号被保険者について、第 2 号被保険者の保険料は、**被保険者が住所を有する市町村が徴収する**。(24-4-3)

[　　　　　　　　　　　　　　　　　　　　]

4 **介護保険の第 2 号被保険者について、第 2 号被保険者は、要介護 3 以上であっても、**指定介護老人福祉施設には入所できない。(24-4-5)

[　　　　　　　　　　　　　　　　　　　　]

5 介護保険の被保険者資格の取得及び喪失について、**日本国内に住所を有する者が 20 歳に達したとき**、住所を有する市町村の被保険者資格を取得する。(25-5-1)

[　　　　　　　　　　　　　　　　　　　　]

6 介護保険の被保険者資格の取得及び喪失について、**第 1 号被保険者が生活保護の被保護者**となった場合は、被保険者資格を喪失する。(25-5-2)

[　　　　　　　　　　　　　　　　　　　　]

解答

① 介護保険の第2号被保険者について、第2号被保険者は、市町村の区域内に住所を有する40歳以上65歳未満の<u>医療保険加入者である</u>。

WB　p.20

② 介護保険の第2号被保険者について、第2号被保険者のうち保険給付の対象者は、<u>特定疾病</u>を原因として要支援・要介護状態になった者である。

WB　p.28

③ 介護保険の第2号被保険者について、第2号被保険者の保険料は、<u>医療保険者（国民健康保険にあたっては市町村）が、徴収する義務を負う</u>。

WB　p.95

④ <u>介護保険の被保険者について、第1号被保険者・第2号被保険者ともに、原則として、要介護3以上でなければ</u>、指定介護老人福祉施設には入所できない。

WB　p.476

⑤ 介護保険の被保険者資格の取得及び喪失について、<u>医療保険加入者が40歳に達したとき</u>、住所を有する市町村の被保険者資格を取得する。

WB　p.22

⑥ 介護保険の被保険者資格の取得及び喪失について、<u>第1号被保険者がその市町村の区域内に住所を有しなくなった日の翌日、死亡した日の翌日から</u>、被保険者資格を喪失する。

WB　p.22

問 題

1 介護保険法第 5 条に規定されている「国及び地方公共団体の責務」として正しいものをすべて選んでください。(25-3)

●国は、保健医療サービス及び福祉サービスを提供する体制の確保に関する施策を講じなければならない。	○ or ×
●国及び地方公共団体は、障害者その他の者の福祉に関する施策との有機的な連携を図るように努めなければならない。	○ or ×
●都道府県は、介護保険事業の運営が健全かつ円滑に行われるように、必要な助言及び適切な援助をしなければならない。	○ or ×
●市町村は、要介護者等の医療に要する費用の適正化を図るための施策を実施しなければならない。	○ or ×
●市町村は、地域において医療及び介護が総合的に確保されるよう指針を定めなければならない。	○ or ×

2 介護保険制度における都道府県の事務として正しいものをすべて選んでください。(23-4)

●財政安定化基金の設置	○ or ×
●地域支援事業支援交付金の交付	○ or ×
●第 2 号被保険者負担率の設定	○ or ×
●介護保険審査会の設置	○ or ×
●介護給付費等審査委員会の設置	○ or ×

解 答

WB参照ページ

① WB p.18

○ ● 国は、保健医療サービス及び福祉サービスを提供する体制の確保に関する施策を講じなければならない。

○ ● 国及び地方公共団体は、障害者その他の者の福祉に関する施策との有機的な連携を図るように努めなければならない。

○ ● 都道府県は、介護保険事業の運営が健全かつ円滑に行われるように、必要な助言及び適切な援助をしなければならない。

✕ → 高齢者の医療の確保に関する法律において、地方公共団体の責務として、住民の高齢期における医療に要する費用の適正化を図るための取り組みおよび高齢者医療制度の運営が適切かつ円滑に行われるよう所要の施策を実施しなければならないとされている。

✕ → 地域における医療及び介護の総合的な確保の促進に関する法律において、厚生労働大臣は、地域包括ケアシステムを構築することを通じ、地域における医療および介護を総合的に確保するための基本的な方針を定めなければならないとされている。

② WB p.14

○ ● 財政安定化基金の設置

✕ → 社会保険診療報酬支払基金の介護保険関係業務として、市町村に対し地域支援事業支援交付金を交付するとされている。

✕ → 第 2 号被保険者負担率は、3 年ごとに、国が定める。

○ ● 介護保険審査会の設置

✕ → 介護給付費請求書および介護予防・日常生活支援総合事業費請求書の審査を行うため、国民健康保険団体連合会に、介護給付費等審査委員会を置くとされている。

⑦地域支援事業等

次の文章が正しい内容になるよう、[　　　]のうち、いずれかを○で囲んでください。

問題

1 介護予防・日常生活支援総合事業について、**[地域支援事業・包括的支援事業・任意事業]**の一部である。(24-14-4・5)

これだけはおさえておきたい！💡

○地域支援事業
　地域支援事業は、①介護予防・日常生活支援総合事業、②包括的支援事業（地域包括支援センターの運営、社会保障充実分）、③任意事業から構成される。

介護予防・日常生活支援総合事業	○介護予防・生活支援サービス事業（第1号事業） ・訪問型サービス（第1号訪問事業） ・通所型サービス（第1号通所事業） ・その他生活支援サービス（第1号生活支援事業） ・介護予防ケアマネジメント（第1号介護予防支援事業） ○一般介護予防事業 ・介護予防把握事業 ・介護予防普及啓発事業 ・地域介護予防活動支援事業 ・一般介護予防事業評価事業 ・地域リハビリテーション活動支援事業
包括的支援事業（地域包括支援センターの運営）	○第1号介護予防支援事業（要支援者にかかるものを除く） ○総合相談支援業務 ○権利擁護業務 ○包括的・継続的ケアマネジメント支援業務

解 答

WB参照ページ

1 介護予防・日常生活支援総合事業について、［地域支援事業］の一部である。

WB p.99

包括的支援事業（社会保障充実分）	○在宅医療・介護連携推進事業（＊） ○生活支援体制整備事業（＊） 　・生活支援コーディネーターの配置 　・協議体の設置 　・就労的活動支援コーディネーターの配置 ○認知症総合支援事業 　・認知症初期集中支援チームの配置 　・認知症地域支援推進員の配置 　・チームオレンジコーディネーターの配置 ○地域ケア会議推進事業
任意事業	○介護給付等費用適正化事業 ○家族介護支援事業 ○その他の事業

＊地域包括支援センター以外にも委託できる。

問題

1 生活支援コーディネーター（地域支え合い推進員）は、包括的支援事業の**認知症総合支援事業**において配置することとされている。（25-12-1）

［   ］

2 認知症地域支援推進員は、包括的支援事業の**生活支援体制整備事業**において配置することとされている。（25-12-3）

［   ］

3 チームオレンジコーディネーターは、包括的支援事業の**在宅医療・介護連携推進事業**において配置することとされている。（25-12-4）

［   ］

解 答

WB参照ページ

①　生活支援コーディネーター（地域支え合い推進員）は、包括的支援事業の生活支援体制整備事業において配置することとされている。

WB　p.107

②　認知症地域支援推進員は、包括的支援事業の認知症総合支援事業において配置することとされている。

WB　p.109

③　チームオレンジコーディネーターは、包括的支援事業の認知症総合支援事業において配置することとされている。

WB　p.110

問 題

1 地域支援事業の任意事業として正しいものをすべて選んでください。（23-14）

● 地域リハビリテーション活動支援事業　　　　　　　　　○ or ×

● 家族介護支援事業　　　　　　　　　　　　　　　　　○ or ×

● 在宅医療・介護連携推進事業　　　　　　　　　　　　○ or ×

● 地域ケア会議推進事業　　　　　　　　　　　　　　　○ or ×

● 介護給付等費用適正化事業　　　　　　　　　　　　　○ or ×

2 地域支援事業のうち包括的支援事業として正しいものをすべて選んでください。（22-12）

● 生活支援体制整備事業　　　　　　　　　　　　　　　○ or ×

● 介護予防把握事業　　　　　　　　　　　　　　　　　○ or ×

● 認知症総合支援事業　　　　　　　　　　　　　　　　○ or ×

● 介護給付等費用適正化事業　　　　　　　　　　　　　○ or ×

● 在宅医療・介護連携推進事業　　　　　　　　　　　　○ or ×

試験はこう出る！ 右の QR コードから実際に出題された問題を確認することができます。

解答

WB参照ページ

①

WB　p.99

✕	→　地域リハビリテーション活動支援事業（一般介護予防事業）
〇	●家族介護支援事業
✕	→　在宅医療・介護連携推進事業（包括的支援事業）
✕	→　地域ケア会議推進事業（包括的支援事業）
〇	●介護給付等費用適正化事業

②

WB　p.99

〇	●生活支援体制整備事業
✕	→　介護予防把握事業（一般介護予防事業）
〇	●認知症総合支援事業
✕	→　介護給付等費用適正化事業（任意事業）
〇	●在宅医療・介護連携推進事業

⑧介護保険制度の目的等

次の選択肢は、アンダーラインを引いた部分が誤っています。□□□□□□□に、正しいものを書いてください。

問題

1 介護保険法第2条に示されている保険給付の基本的考え方として、<u>要介護状態等の維持又は悪化の予防に資するよう行われる。</u>（23-6-1）

✎ □□□□□□□□□□□□□□□□□□

2 介護保険法第2条に示されている保険給付の基本的考え方として、<u>介護支援専門員の選択に基づく。</u>（23-6-2）

✎ □□□□□□□□□□□□□□□□□□

3 介護保険法第2条に示されている保険給付の基本的考え方として、<u>個別的かつ合理的に</u>提供されるよう配慮して行われなければならない。（23-6-3）

✎ □□□□□□□□□□□□□□□□□□

4 介護保険法第2条に示されている保険給付の基本的考え方として、<u>快適な日常生活</u>を営むことができるように配慮されなければならない。（23-6-4）

✎ □□□□□□□□□□□□□□□□□□

5 介護保険法第2条に示されている保険給付の基本的考え方として、被保険者の<u>尊厳</u>を保持し、その有する能力に応じた<u>日常生活</u>に関し、必要な保険給付を行う。（23-6-5）

✎ □□□□□□□□□□□□□□□□□□

これだけはおさえておきたい！ 💡

○**介護保険法**

（目的）
第1条　この法律は、加齢に伴って生ずる心身の変化に起因する疾病等により要介護状

66

解 答

WB参照ページ

① 介護保険法第 2 条に示されている保険給付の基本的考え方として、<u>要介護状態等の軽減</u>又は悪化の予防に資するよう行われる。

WB p.9

② 介護保険法第 2 条に示されている保険給付の基本的考え方として、<u>被保険者</u>の選択に基づく。

WB p.9

③ 介護保険法第 2 条に示されている保険給付の基本的考え方として、<u>総合的かつ効率的</u>に提供されるよう配慮して行われなければならない。

WB p.9

④ 介護保険法第 2 条に示されている保険給付の基本的考え方として、<u>その有する能力に応じ自立した日常生活</u>を営むことができるように配慮されなければならない。

WB p.9

⑤ 介護保険法第 2 条に示されている保険給付の基本的考え方として、被保険者の<u>要介護状態等</u>に関し、必要な保険給付を行う。

WB p.9

態となり、入浴、排せつ、食事等の介護、機能訓練並びに看護及び療養上の管理その他の医療を要する者等について、これらの者が尊厳を保持し、その有する能力に応じ自立した日常生活を営むことができるよう、必要な保健医療サービス及び福祉サービスに係る給付を行うため、国民の共同連帯の理念に基づき介護保険制度を設け、その行う保険給付等に関して必要な事項を定め、もって国民の保健医療の向上及び福祉の増進を図ることを目的とする。

問 題

1 介護保険制度の考え方として適切なものをすべて選んでください。(25-1)

● 要介護者の尊厳を保持し、自立した日常生活を営むことを目指す。　　〇 or ✕

● 高齢者の介護を社会全体で支える。　　〇 or ✕

● 認知症高齢者の施設入所を促進する。　　〇 or ✕

● 要介護者へのサービスを画一的な内容にする。　　〇 or ✕

● 保険給付は、多様な事業者又は施設から、総合的かつ効率的にサービスが提供されるよう配慮する。　　〇 or ✕

2 介護保険法第2条に示されている保険給付の基本的考え方として正しいものをすべて選んでください。(22-2)

● 介護支援専門員の選択に基づくサービスの提供　　〇 or ✕

● 被保険者の所得及び資産による制限　　〇 or ✕

● 同一の事業者による複合的かつ集中的なサービスの提供　　〇 or ✕

● 医療との連携への十分な配慮　　〇 or ✕

● 被保険者の有する能力に応じ自立した日常生活を営むことができるようにすることへの配慮　　〇 or ✕

これだけはおさえておきたい！ 💡

（介護保険）
第2条　介護保険は、被保険者の**要介護状態又は要支援状態**（以下「要介護状態等」という。）に関し、**必要な保険給付を行う**ものとする。
2　前項の保険給付は、**要介護状態等の軽減又は悪化の防止**に資するよう行われるととも

解答

WB参照ページ

① WB p.9

- ○ ● 要介護者の尊厳を保持し、自立した日常生活を営むことを目指す。
- ○ ● 高齢者の介護を社会全体で支える。
- ✕
- ✕
- ○ ● 保険給付は、多様な事業者又は施設から、総合的かつ効率的にサービスが提供されるよう配慮する。

② WB p.9

- ✕ → 介護保険法第2条には、保険給付は、被保険者の選択に基づき、提供されるよう配慮して行われなければならないと規定されている。
- ✕
- ✕ → 介護保険法第2条には、保険給付は、多様な事業者または施設から、総合的かつ効率的に提供されるよう配慮して行われなければならないと規定されている。
- ○ ● 医療との連携への十分な配慮
- ○ ● 被保険者の有する能力に応じ自立した日常生活を営むことができるようにすることへの配慮

に、医療との連携に十分配慮して行われなければならない。

3 第1項の保険給付は、被保険者の心身の状況、その置かれている環境等に応じて、被保険者の選択に基づき、適切な保健医療サービス及び福祉サービスが、多様な事業者又は施設から、総合的かつ効率的に提供されるよう配慮して行われなければならない。

4 第1項の保険給付の内容及び水準は、被保険者が要介護状態となった場合においても、可能な限り、その居宅において、その有する能力に応じ自立した日常生活を営むことができるように配慮されなければならない。

| 問 題 |

3 「国民の努力及び義務」として介護保険法第 4 条に規定されているものをすべて選んでください。（24-5）

●介護保険事業に要する費用を公平に負担する。	○ or ×
●加齢に伴って生ずる心身の変化を自覚して常に健康の保持増進に努める。	○ or ×
●可能な限り、住み慣れた地域でその有する能力に応じ自立した日常生活を営む。	○ or ×
●要介護状態となった場合においても、その有する能力の維持向上に努める。	○ or ×
●認知症に対する理解を深めるよう努める。	○ or ×

解 答

WB参照ページ

③

WB　p.9

○ ● 介護保険事業に要する費用を公平に負担する。

○ ● 加齢に伴って生ずる心身の変化を自覚して常に健康の保持
増進に努める。

✕ → 　**介護保険法第 5 条**に、国および地方公共団体の責務とし
て、被保険者が可能な限り、住み慣れた地域でその有する
能力に応じ自立した日常生活を営むことができるよう、施
策を包括的に推進するよう努めなければならないと規定さ
れている。

○ ● 要介護状態となった場合においても、その有する能力の維
持向上に努める。

✕ → 　**介護保険法第 5 条の 2** に、国および地方公共団体は、
認知症に対する国民の関心および理解を深め、認知症に関
する知識の普及および啓発に努めなければならないと規定
されている。

（国民の努力及び義務）

第4条　国民は、自ら要介護状態となることを予防するため、加齢に伴って生ずる心身の変化を自覚して常に健康の保持増進に努めるとともに、要介護状態となった場合においても、進んでリハビリテーションその他の適切な保健医療サービス及び福祉サービスを利用することにより、その有する能力の維持向上に努めるものとする。

2　国民は、共同連帯の理念に基づき、介護保険事業に要する費用を公平に負担するものとする。

（国及び地方公共団体の責務）

第5条　国は、介護保険事業の運営が健全かつ円滑に行われるよう保健医療サービス及び福祉サービスを提供する体制の確保に関する施策その他の必要な各般の措置を講じなければならない。

2　都道府県は、介護保険事業の運営が健全かつ円滑に行われるように、必要な助言及び適切な援助をしなければならない。

3　都道府県は、前項の助言及び援助をするに当たっては、介護サービスを提供する事業所又は施設における業務の効率化、介護サービスの質の向上その他の生産性の向上に資する取組が促進されるよう努めなければならない。

4　国及び地方公共団体は、被保険者が、可能な限り、住み慣れた地域でその有する能力に応じ自立した日常生活を営むことができるよう、保険給付に係る保健医療サービス及び福祉サービスに関する施策、要介護状態等となることの予防又は要介護状態等の軽減若しくは悪化の防止のための施策並びに地域における自立した日常生活の支援のための施策を、医療及び居住に関する施策との有機的な連携を図りつつ包括的に推進するよう努めなければならない。

5　国及び地方公共団体は、前項の規定により同項に掲げる施策を包括的に推進するに当たっては、障害者その他の者の福祉に関する施策との有機的な連携を図るよう努めるとともに、地域住民が相互に人格と個性を尊重し合いながら、参加し、共生する地域社会の実現に資するよう努めなければならない。

試験はこう出る！　右の QR コードから実際に出題された問題を確認することができます。

（認知症に関する施策の総合的な推進等）

第5条の2　国及び地方公共団体は、認知症（アルツハイマー病その他の神経変性疾患、脳血管疾患その他の疾患により日常生活に支障が生じる程度にまで認知機能が低下した状態として政令で定める状態をいう。以下同じ。）に対する国民の関心及び理解を深め、認知症である者への支援が適切に行われるよう、認知症に関する知識の普及及び啓発に努めなければならない。

2　国及び地方公共団体は、被保険者に対して認知症に係る適切な保健医療サービス及び福祉サービスを提供するため、研究機関、医療機関、介護サービス事業者（第115条の32第1項に規定する介護サービス事業者をいう。）等と連携し、認知症の予防、診断及び治療並びに認知症である者の心身の特性に応じたリハビリテーション及び介護方法に関する調査研究の推進に努めるとともに、その成果を普及し、活用し、及び発展させるよう努めなければならない。

3　国及び地方公共団体は、地域における認知症である者への支援体制を整備すること、認知症である者を現に介護する者の支援並びに認知症である者の支援に係る人材の確保及び資質の向上を図るために必要な措置を講ずることその他の認知症に関する施策を総合的に推進するよう努めなければならない。

4　国及び地方公共団体は、前3項の施策の推進に当たっては、認知症である者及びその家族の意向の尊重に配慮するとともに、認知症である者が地域社会において尊厳を保持しつつ他の人々と共生することができるように努めなければならない。

⑨保険給付の種類・内容等

正しいものをすべて選びましょう。

問 題

1　都道府県知事が指定する事業者が行うサービスとして正しいものをすべて選んでください。（24-9）

●特定福祉用具販売	○ or ×
●認知症対応型共同生活介護	○ or ×
●介護予防支援	○ or ×
●介護予防短期入所療養介護	○ or ×
●看護小規模多機能型居宅介護	○ or ×

2　要支援者が利用できるサービスとして正しいものをすべて選んでください。（23-2）

●認知症対応型共同生活介護	○ or ×
●認知症対応型通所介護	○ or ×
●看護小規模多機能型居宅介護	○ or ×
●地域密着型介護老人福祉施設入所者生活介護	○ or ×
●小規模多機能型居宅介護	○ or ×

3　区分支給限度基準額が適用されるサービスとして正しいものをすべて選んでください。（24-7）

●福祉用具貸与	○ or ×
●小規模多機能型居宅介護	○ or ×
●居宅療養管理指導	○ or ×
●地域密着型介護老人福祉施設入所者生活介護	○ or ×
●定期巡回・随時対応型訪問介護看護	○ or ×

解 答

WB参照ページ

① WB p.48

○	●特定福祉用具販売
✕	
✕	
○	●介護予防短期入所療養介護
✕	

② WB p.48

○	●認知症対応型共同生活介護
○	●認知症対応型通所介護
✕	
✕	
○	●小規模多機能型居宅介護

③ WB p.59

○	●福祉用具貸与
○	●小規模多機能型居宅介護
✕	
✕	
○	●定期巡回・随時対応型訪問介護看護

これだけはおさえておきたい！ 💡

○都道府県知事が指定する事業者が行うサービス

	訪問	通所	短期入所	その他
介護給付 （要介護 者が利用 できる）	訪問介護 訪問入浴介護 訪問看護 訪問リハビリテーション 居宅療養管理指導	通所介護 通所リハビリテーション	短期入所生活介護 短期入所療養介護	特定施設入居者生活介護 福祉用具貸与 特定福祉用具販売
予防給付 （要支援 者が利用 できる）	介護予防訪問入浴介護 介護予防訪問看護 介護予防訪問リハビリテーション 介護予防居宅療養管理指導	介護予防通所リハビリテーション	介護予防短期入所生活介護 介護予防短期入所療養介護	介護予防特定施設入居者生活介護 介護予防福祉用具貸与 特定介護予防福祉用具販売

○都道府県知事が指定・許可を行う介護保険施設
　介護老人福祉施設：都道府県知事による指定
　介護老人保健施設：都道府県知事による許可
　介護医療院：都道府県知事による許可

試験はこう出る！ 右の QR コードから実際に出題された問題を確認することができます。

○**市町村長が指定する事業者が行うサービス**

	訪問	通所	その他
介護給付 **（要介護** **者が利用** **できる）**	定期巡回・随時対応型訪問介護看護 夜間対応型訪問介護	地域密着型通所介護 認知症対応型通所介護	小規模多機能型居宅介護 認知症対応型共同生活介護 地域密着型特定施設入居者生活介護 地域密着型介護老人福祉施設入所者生活介護 複合型サービス（看護小規模多機能型居宅介護） 居宅介護支援
予防給付 **（要支援** **者が利用** **できる）**		介護予防認知症対応型通所介護	介護予防小規模多機能型居宅介護 介護予防認知症対応型共同生活介護（＊） 介護予防支援

＊介護予防認知症対応型共同生活介護は要支援2の人のみ対象。要支援1の場合は利用できない。

○**区分支給限度基準額が適用されないサービス**
- 居宅療養管理指導
- 特定施設入居者生活介護（利用期間を定めて行うものは区分支給限度基準額が適用される）
- 認知症対応型共同生活介護（利用期間を定めて行うものは区分支給限度基準額が適用される）
- 地域密着型特定施設入居者生活介護（利用期間を定めて行うものは区分支給限度基準額が適用される）
- 地域密着型介護老人福祉施設入所者生活介護
- 介護予防居宅療養管理指導
- 介護予防特定施設入居者生活介護
- 介護予防認知症対応型共同生活介護（利用期間を定めて行うものは区分支給限度基準額が適用される）

⑩利用者負担

次の文章が正しい内容になるよう、[　　　]のうち、いずれかを○で囲んでください。

問題

1 介護サービスに係る利用者負担が高額となった場合の取扱いについて、施設介護サービス費に係る利用者負担は、**[高額介護サービス費・特例施設介護サービス費]** の対象となる。(23-7-4)

2 介護サービスに係る利用者負担が高額となった場合の取扱いについて、高額介護サービス費は、**[世帯・個人]** 単位で算定される。(23-7-3)

3 介護サービスに係る利用者負担が高額となった場合の取扱いについて、高額医療合算介護サービス費は、**[医療保険・介護保険]** から支給される。(23-7-5)

これだけはおさえておきたい！ 💡

○利用者負担

	負担割合
年金収入等 340 万円以上（＊1）	3 割（＊3）
年金収入等 280 万円以上（＊2）	2 割（＊3）
年金収入等 280 万円未満	1 割

＊1 「合計所得金額（給与収入や事業収入等から給与所得控除や必要経費を控除した額）220 万円以上」かつ「年金収入＋その他合計所得金額 340 万円以上（単身世帯の場合。夫婦世帯の場合 463 万円以上）」

＊2 「合計所得金額 160 万円以上」かつ「年金収入＋その他合計所得金額 280 万円以上（単身世帯の場合。夫婦世帯の場合 346 万円以上）」

＊3 2 割負担、3 割負担は第 2 号被保険者には適用されない。

解 答

WB参照ページ

① 介護サービスに係る利用者負担が高額となった場合の取扱いについて、施設介護サービス費に係る利用者負担は、[高額介護サービス費]の対象となる。

WB　p.63

② 介護サービスに係る利用者負担が高額となった場合の取扱いについて、高額介護サービス費は、[世帯]単位で算定される。

WB　p.64

③ 介護サービスに係る利用者負担が高額となった場合の取扱いについて、高額医療合算介護サービス費は、[介護保険]から支給される。

WB　p.64

○高額介護サービス費・高額介護予防サービス費

　市町村は、要介護被保険者等がサービスを利用した結果、定率1割（2割または3割）の利用者負担が著しく高額となるような場合には、被保険者に高額介護サービス費（要介護者の場合）または高額介護予防サービス費（要支援者の場合）を支給する。

　高額介護サービス費等は、世帯あたりの利用者負担の合計が、一定額を超えた場合、その分が償還払いによって給付される。

高額介護（介護予防）サービス費の対象になる利用者負担	・居宅サービス（特定福祉用具販売を除く） ・介護予防サービス（介護予防福祉用具販売を除く） ・施設サービス ・地域密着型サービス ・地域密着型介護予防サービス
高額介護（介護予防）サービス費の対象にならない利用者負担	・特定福祉用具販売 ・住宅改修 ・介護予防福祉用具販売 ・介護予防住宅改修

＊　特定（介護予防）福祉用具販売および（介護予防）住宅改修については、支給限度基準額が定められている。

問題

❶ 要介護被保険者が災害により住宅に著しい損害を受けた場合、定率の利用者負担を<u>都道府県</u>が減免する。（23-9-3）

❷ **要介護被保険者と同居する家族**が心身に重大な障害を受けた場合、定率の利用者負担を市町村が減免する。（23-9-4）

これだけはおさえておきたい！ 💡

○高額医療合算介護（介護予防）サービス費

　介護保険における利用者負担と医療保険の患者負担の合計額が一定額（所得段階別に区分）を超える場合に、被保険者の申請に基づき、その超えた額を医療保険と介護保険の自己負担額の比率に応じて按分して、介護保険、医療保険の保険者が償還払いで支給するしくみ。

　介護保険の保険者が支給する給付を、高額医療合算介護サービス費（要介護者の場合）、高額医療合算介護予防サービス費（要支援者の場合）という。

○保険料の減免等

　市町村は、被災など、特別の理由がある場合には、条例により、保険料の減免や徴収猶予をすることができる。

・震災・風水害・火災等で住宅等の財産が著しく損害を受けたこと
・世帯の生計を主として維持する者が死亡したこと、心身に重大な障害を負ったこと、長期間入院したことによって、収入が著しく減少したこと
・事業の休廃止や著しい損失、失業等によって、世帯の生計を主として維持する者の収入が著しく減少したこと
・干ばつ、冷害等による農作物の不作や不漁等によって、世帯の生計を主として維持する者の収入が著しく減少したこと

解 答

WB参照ページ

① 要介護被保険者が災害により住宅に著しい損害を受けた場合、定率の利用者負担を<u>市町村</u>が減免する。

WB p.61

② <u>要介護被保険者の属する世帯の生計を主として維持する者</u>が心身に重大な障害を受けた場合、定率の利用者負担を市町村が減免する。

WB p.61

○利用者が負担する費用

	食　費	居住費／滞在費／宿泊費	おむつ代
・通所介護 ・（介護予防）通所リハビリテーション等 ・地域密着型通所介護	○		○
・（介護予防）短期入所生活介護 ・（介護予防）短期入所療養介護	○	○	
・介護保険施設 ・地域密着型介護老人福祉施設入所者生活介護	○	○	
・（介護予防）小規模多機能型居宅介護 ・看護小規模多機能型居宅介護	○	○	○

居住費（滞在費）・宿泊費：室料＋光熱水費相当額
食　費：食材料費＋調理コスト相当額
居住費：介護保険施設、地域密着型介護老人福祉施設入所者生活介護等
滞在費：短期入所生活介護、短期入所療養介護
宿泊費：小規模多機能型居宅介護、看護小規模多機能型居宅介護

|試験はこう出る！| 右の QR コードから実際に出題された問題を確認することができます。

⑪介護支援専門員

次の文章が正しい内容になるよう、[　　　]のうち、いずれかを○で囲んでください。

問題

1 介護支援専門員について、登録の申請の[**5年・10年**]前に居宅サービスにおいて不正な行為をした者は、登録を受けることができない。(25-6-2)

2 介護支援専門員について、[**都道府県知事・市町村長**]は、信用を傷つけるような行為をした介護支援専門員の登録を消除することができる。(25-6-3)

3 介護支援専門員について、登録を受けている者が死亡した場合には、[**その相続人・法定代理人もしくは同居の親族**]はその旨を届け出なければならない。(25-6-1)

4 介護支援専門員について、介護支援専門員証の有効期間は、[**5年・6年**]である。(24-10-3)

これだけはおさえておきたい！

○**介護支援専門員証の有効期間とその更新**

・有効期間：5年

・有効期間は、申請によって更新され、更新を受けようとする場合、更新研修を受けなければならない。

・介護支援専門員証の交付後、他の都道府県に登録を移転したときは、その介護支援専門員証は効力を失うため、移転先の都道府県知事に申請して介護支援専門員証の交付を受ける。移転前の介護支援専門員証の有効期間の残りが、新しい介護支援専門員証の有効期間になる。

・介護支援専門員は、その業務を行うにあたり、関係者から請求があったときは、介護支援専門員証を提示しなければならない。また、居宅介護支援事業者は、事業所の介護支援専門員に身分を証する書類を携行させ、初回訪問時および利用者またはその家族から求められたときは、これを提示すべき旨を指導しなければならない。

○**介護支援専門員の義務**

公正・誠実な業務の遂行	介護支援専門員は、要介護者等の人格を尊重し、常に要介護者等の立場に立って、要介護者等に提供されるサービスが特定の種類や特定の事業者・施設に不当に偏ることのないよう、公正かつ誠実にその業務を行わなければならない。

解答

WB参照ページ

① 介護支援専門員について、登録の申請の ［**5 年**］ 前に居宅サービスにおいて不正な行為をした者は、登録を受けることができない。

WB p.129

② 介護支援専門員について、［**都道府県知事**］ は、信用を傷つけるような行為をした介護支援専門員の登録を消除することができる。

WB p.131

③ 介護支援専門員について、登録を受けている者が死亡した場合には、［**その相続人**］ はその旨を届け出なければならない。

WB p.131

④ 介護支援専門員について、介護支援専門員証の有効期間は、［**5 年**］ である。

WB p.130

基準の遵守	介護支援専門員は、厚生労働省令で定める基準（＊）に従って、その業務を行わなければならない。
資質の向上を図るよう努める	介護支援専門員は、要介護者等が自立した日常生活を営むのに必要な援助に関する専門的知識および技術の水準を向上させ、その他その資質の向上を図るよう努めなければならない。
介護支援専門員証の不正使用の禁止	介護支援専門員は、介護支援専門員証を不正に使用してはならない。
名義貸しの禁止	介護支援専門員は、その名義を他人に介護支援専門員の業務のため使用させてはならない。
信用失墜行為の禁止	介護支援専門員は、介護支援専門員の信用を傷つけるような行為をしてはならない。
秘密保持義務	介護支援専門員は、正当な理由なしに、その業務に関して知り得た人の秘密を漏らしてはならない。介護支援専門員でなくなった後においても、同様とする。

＊ 指定居宅介護支援等の事業の人員及び運営に関する基準第 12 条に定める「指定居宅介護支援の基本取扱方針」を指す。

問 題

1 介護支援専門員について、他の都道府県へ登録を移転する場合には、**移転先の都道府県知事が実施する介護支援専門員実務研修を受講しなければならない。**（24-10-2）

2 介護支援専門員について、その業務を行うに当たり、**利用者の居宅を訪問するたびに、**介護支援専門員証を提示しなければならない。（24-10-1）

3 介護支援専門員について、**その業務のために正当な理由がある場合に限り、その名義を他人に使用させることができる。**（24-10-4）

解　答

① 介護支援専門員について、他の都道府県へ登録を移転する場合には、移転先の都道府県知事に対し、登録をしている都道府県知事を経由して、登録の移転を申請することができる。

WB　p.130

② 介護支援専門員について、その業務を行うに当たり、関係者から請求があったときは、介護支援専門員証を提示しなければならない。

WB　p.130

③ 介護支援専門員について、介護支援専門員証を不正に使用し、又はその名義を他人に介護支援専門員の業務のため使用させてはならない。

WB　p.130

問 題

1 介護支援専門員について正しいものをすべて選んでください。(25-6-4・5)

- 介護支援専門員証の交付を受けていなくても、業務に従事することができる。　　O or ×

- 更新研修を受けた者は、介護支援専門員証の有効期間を更新することができる。　　O or ×

2 介護支援専門員の義務として正しいものをすべて選んでください。(22-7)

- 介護保険事業の円滑な運営に必要な助言をしなければならない。　　O or ×

- 介護支援専門員でなくなった後も、正当な理由なしに、その業務に関して知り得た人の秘密を漏らしてはならない。　　O or ×

- 特定の種類のサービスに不当に偏ることのないよう、業務を行わなければならない。　　O or ×

- 認知症に関する施策を総合的に推進しなければならない。　　O or ×

- その名義を他人に介護支援専門員の業務のため使用させてはならない。　　O or ×

| 試験はこう出る！| 右の QR コードから実際に出題された問題を確認することができます。

解答

①

WB　p.130

✕　→　**介護支援専門員**とは、介護支援専門員証の交付を受けた
ものをいうと規定されている（介護保険法第7条第5項）。

○　● 更新研修を受けた者は、介護支援専門員証の有効期間を更
新することができる。

②

WB　p.130～131

✕　→　介護保険法第5条に、国および地方公共団体の責務とし
て、**都道府県**は、介護保険事業の運営が健全かつ円滑に行
われるように、必要な助言および適切な援助をしなければ
ならないと規定されている。

○　● 介護支援専門員でなくなった後も、正当な理由なしに、そ
の業務に関して知り得た人の秘密を漏らしてはならない。

○　● 特定の種類のサービスに不当に偏ることのないよう、業務
を行わなければならない。

✕　→　介護保険法第5条の2に、**国および地方公共団体**は、
認知症に関する施策を総合的に推進するよう努めなければ
ならないと規定されている。

○　● その名義を他人に介護支援専門員の業務のため使用させて
はならない。

⑫介護保険事業計画等

次の文章が正しい内容になるよう、[   ] のうち、いずれかを○で囲んでください。

問題

1️⃣ 市町村介護保険事業計画について、[**厚生労働大臣・都道府県知事**] の定める基本指針に基づき作成されなければならない。（22-8-1）

2️⃣ 市町村介護保険事業計画について、[**市町村老人福祉計画・市町村計画・市町村高齢者居住安定確保計画**] と一体のものとして作成されなければならない。（22-8-2）

3️⃣ 市町村介護保険事業計画について、市町村地域福祉計画と [**一体のもの・整合性の確保が図られたもの・調和が保たれたもの**] でなければならない。（22-8-3）

4️⃣ 市町村介護保険事業計画について、[**各年度における地域支援事業の量の見込み・介護サービス情報の公表に関する事項**] を定めなければならない。（22-8-4）

5️⃣ 市町村介護保険事業計画について、変更したときは、遅滞なく、[**厚生労働・都道府県知事**] に提出しなければならない。（22-8-5）

これだけはおさえておきたい！ 💡

○**市町村介護保険事業計画**
・厚生労働大臣の定める「基本指針」に即して、3 年を 1 期として策定される。
・市町村介護保険事業計画には、「定めるもの」とされた事項と「定めるよう努めるもの」とされた事項とがある。

○**市町村介護保険事業計画と他の計画との関係**

市町村介護保険事業計画と	「一体のもの」として	市町村老人福祉計画
	「整合性の確保が図られたもの」として	市町村計画（＊）
	「調和が保たれたもの」として	市町村地域福祉計画、市町村高齢者居住安定確保計画などの要介護者等の保健・医療・福祉・居住に関する計画

＊ 地域における医療及び介護の総合的な確保の促進に関する法律（医療介護総合確保法）第 5 条に規定する市町村計画

解 答

① 市町村介護保険事業計画について、[厚生労働大臣] の定める基本指針に基づき作成されなければならない。

WB　p.84

② 市町村介護保険事業計画について、[市町村老人福祉計画] と一体のものとして作成されなければならない。

WB　p.85

③ 市町村介護保険事業計画について、市町村地域福祉計画と [調和が保たれたもの] でなければならない。

WB　p.85

④ 市町村介護保険事業計画について、[各年度における地域支援事業の量の見込み] を定めなければならない。

WB　p.84

⑤ 市町村介護保険事業計画について、変更したときは、遅滞なく、[都道府県知事] に提出しなければならない。

WB　p.85

○都道府県介護保険事業支援計画
・厚生労働大臣の定める「基本指針」に即して、3年を1期として策定される。
・都道府県介護保険事業支援計画には、「定めるもの」とされた事項と「定めるよう努めるもの」とされた事項とがある。

○都道府県介護保険事業支援計画と他の計画との関係

都道府県介護保険事業支援計画と	「一体のもの」として	都道府県老人福祉計画
	「整合性の確保が図られたもの」として	都道府県計画（＊） 医療計画
	「調和が保たれたもの」として	都道府県地域福祉支援計画、都道府県高齢者居住安定確保計画などの要介護者等の保健・医療・福祉・居住に関する計画

＊　地域における医療及び介護の総合的な確保の促進に関する法律（医療介護総合確保法）第4条に規定する都道府県計画

問 題

1 介護保険事業に係る保険給付の円滑な実施を確保するための基本的な指針について正しいものをすべて選んでください。(23-13)

● 地域支援事業の実施に関する基本的事項を定める。　　　　　　　　○ or ✕

● 都道府県知事が定める。　　　　　　　　　　　　　　　　　　　○ or ✕

● 変更に当たっては、市町村長と協議しなければならない。　　　　　○ or ✕

● 地域における医療及び介護の総合的な確保の促進に関する法律に規定する総合確保方針に即して定める。　　　　　　　　　　　　　　○ or ✕

● 介護給付等対象サービスを提供する体制の確保に関する基本的事項を定める。　　　　　　　　　　　　　　　　　　　　　　　　　　○ or ✕

2 介護保険法上、市町村介護保険事業計画において定めるべき事項及び定めるよう努める事項として正しい組み合わせになるように線で結んでください。

● 介護給付等対象サービスの種類ごとの見込量の確保のための方策　　　　　　　　　　●

● 地域密着型介護老人福祉施設入所者生活介護に係る必要利用定員総数の見込み　　　　●　　　　　　　　　● 定めるべき事項

● 介護給付等対象サービスの種類ごとの量の見込み　　　　　　　　　　●

● 地域支援事業の見込量の確保のための方策　　　　　　　　　　　　●　　　　　　　　　● 定めるよう努める事項

● 介護給付等に要する費用の適正化に関し、市町村が取り組むべき施策に関する事項　　　●

※第24回試験問題13をもとに作成

解答

WB参照ページ

① WB　p.84

- **○** ●地域支援事業の実施に関する基本的事項を定める。

- **✕** → 厚生労働大臣が定める。

- **✕** → 変更に当たっては、総務大臣その他関係行政機関の長と協議しなければならない。

- **○** ●地域における医療及び介護の総合的な確保の促進に関する法律に規定する総合確保方針に即して定める。

- **○** ●介護給付等対象サービスを提供する体制の確保に関する基本的事項を定める。

② WB　p.84〜85

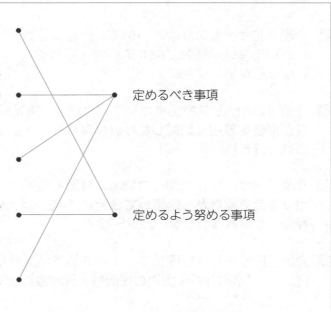

- ●介護給付等対象サービスの種類ごとの見込量の確保のための方策

- ●地域密着型介護老人福祉施設入所者生活介護に係る必要利用定員総数の見込み

- ●介護給付等対象サービスの種類ごとの量の見込み

- ●地域支援事業の見込量の確保のための方策

- ●介護給付等に要する費用の適正化に関し、市町村が取り組むべき施策に関する事項

定めるべき事項

定めるよう努める事項

試験はこう出る！ 右の QR コードから実際に出題された問題を確認することができます。

⑬介護予防支援

次の文章が正しい内容になるよう、[　　　]のうち、いずれかを○で囲んでください。

問題

① 指定介護予防支援について、[**サービス優先・目標指向型**]の介護予防サービス計画原案を作成しなければならない。(22-20-1)

② 指定介護予防支援について、その事業所の管理者については、地域包括支援センターの業務との兼務は[**認められない・認められる**]。(22-20-2)

③ 指定介護予防支援について、苦情を受け付けた場合には、その内容等を〔記録しなければならない・地域包括支援センターに報告しなければならない〕。(22-20-3)

④ 指定介護予防支援について、地域ケア会議から個別のケアマネジメントの事例の提供の求めがあった場合には、これに[**協力しなければならない・協力するよう努めなければならない**]。(22-20-5)

⑤ 介護予防サービス計画について、地域の住民による自発的な活動によるサービス等の利用も含めて[**位置付けなければならない・位置付けるよう努めなければならない**]。(25-22-1)

⑥ 介護予防サービス計画について、計画に位置付けた指定介護予防サービス事業者から、利用者の状態等に関する報告を少なくとも[**1月・3月**]に1回、聴取しなければならない。(25-22-2)

⑦ 介護予防サービス計画について、介護予防福祉用具貸与を位置付ける場合には、[**貸与が必要な理由を記載しなければならない・主治の医師等の指示がある場合に限りこれを行う**]。(25-22-3)

⑧ 介護予防サービス計画について、計画に位置付けた[**期間が終了するとき・期間が始まる月の翌月から起算して3月に1回**]は、当該計画の目標の達成状況について評価しなければならない。(25-22-4)

⑨ 介護予防サービス計画について、介護予防通所リハビリテーションを位置付ける場合には、[**市町村長・主治の医師等・理学療法士**]の指示が必要である。(25-22-5)

解 答

① 指定介護予防支援について、[**目標指向型**] の介護予防サービス計画原案を作成しなければならない。

WB　p.161

② 指定介護予防支援について、その事業所の管理者については、地域包括支援センターの業務との兼務は [**認められる**]。

WB　p.160

③ 指定介護予防支援について、苦情を受け付けた場合には、その内容等を [**記録しなければならない**]。

④ 指定介護予防支援について、地域ケア会議から個別のケアマネジメントの事例の提供の求めがあった場合には、これに [**協力するよう努めなければならない**]。

⑤ 介護予防サービス計画について、地域の住民による自発的な活動によるサービス等の利用も含めて [**位置付けるよう努めなければならない**]。

WB　p.162

⑥ 介護予防サービス計画について、計画に位置付けた指定介護予防サービス事業者から、利用者の状態等に関する報告を少なくとも [**1 月**] に 1 回、聴取しなければならない。

WB　p.164

⑦ 介護予防サービス計画について、介護予防福祉用具貸与を位置付ける場合には、[**貸与が必要な理由を記載しなければならない**]。

WB　p.166

⑧ 介護予防サービス計画について、計画に位置付けた [**期間が終了するとき**] は、当該計画の目標の達成状況について評価しなければならない。

WB　p.165

⑨ 介護予防サービス計画について、介護予防通所リハビリテーションを位置付ける場合には、[**主治の医師等**] の指示が必要である。

WB　p.164

問　題

1 介護予防サービス・支援計画書について適切なものをすべて選んでください。（23-23）

- 「課題に対する目標と具体策の提案」欄には、利用者や家族の意向を踏まえた目標と具体策を記載する。 　　○ or ✕

- 「【本来行うべき支援ができない場合】妥当な支援の実施に向けた方針」は、利用者と家族の考え方の違いが大きい場合には記載しない。 　　○ or ✕

- 「目標とする生活」の「1 年」欄には、利用者とともに、生きがいや楽しみを話し合い、今後の生活で達成したい目標を設定する。 　　○ or ✕

- 「期間」は、常に利用者の要支援認定の有効期間と同じ期間にする。 　　○ or ✕

- 「本人等のセルフケアや家族の支援、インフォーマルサービス」欄には、地域のボランティアや近隣住民の協力なども記載する。 　　○ or ✕

解 答

①

✗ → 「課題に対する目標と具体策の提案」欄には、「総合的課題」に対して、目標と具体策を記載する。

✗ → 「【本来行うべき支援ができない場合】妥当な支援の実施に向けた方針」は、本来の支援が実施できない場合で、利用者や家族の合意がとれない場合は、その内容の実現に向けた方向性を記載する。

〇 ● 「目標とする生活」の「1年」欄には、利用者とともに、生きがいや楽しみを話し合い、今後の生活で達成したい目標を設定する。

✗ → 「期間」は、「支援内容」に掲げた支援をどの程度の「期間」にわたり実施するかを記載する。「期間」の設定においては「認定の有効期間」も考慮するものとする。

〇 ● 「本人等のセルフケアや家族の支援、インフォーマルサービス」欄には、地域のボランティアや近隣住民の協力なども記載する。

これだけはおさえておきたい！ 💡

○介護予防サービス・支援計画書
　　・利用者が有している生活機能の維持・改善が図られるよう、目標指向型の計画を作成する。

■目標とする生活
　　1日：大きな目標にたどり着くための段階的な目標である場合や、健康管理能力や機能の向上・生活行為の拡大・環境改善など、さまざまな目標が設定される場合もあり得る。利用者が達成感・自己効力感が得られるような内容が望ましい。
　　1年：利用者とともに、生きがいや楽しみを話し合い、今後の生活で達成したい目標を設定する。あくまでも、介護予防支援や利用者の取り組みによって達成可能な具体的な目標とする。

■総合的課題
　　・利用者の生活全体の課題を探すため、直接的な背景・原因だけでなく、間接的な背景・原因を探り、各領域における課題共通の背景等を見つけ出す。
　　・利用者にとって優先度の高い順で課題を列挙する。

■課題に対する目標と具体策の提案
　　・「総合的課題」に対する目標と具体策を記載する。
　　・「課題に対する目標」は、利用者や家族に対して専門的観点から示す提案であり、本人や家族の意向は含まれない。
　　・適切にアセスメントがされたかどうかは、「課題に対する目標と具体策の提案」と意向を踏まえた目標と具体策を比較すると判断できる。
　　・目標は漠然としたものではなく、評価可能で具体的なものとする。

■アセスメント領域と現在の状況
　　アセスメント領域ごとに、日常生活の状況を記載する。

運動・移動について	自ら行きたい場所へさまざまな手段を活用して、移動できるかどうか、乗り物を操作する、歩く、走る、昇降する、さまざまな交通を用いることによる移動を行えているかどうかについて確認する。
日常生活（家庭生活）について	家事（買い物・調理・掃除・洗濯・ゴミ捨て等）や住居・経済の管理、花木やペットの世話などを行っているかについて確認する。
社会参加、対人関係・コミュニケーションについて	状況に見合った適切な方法で、人々と交流しているか。また、家族、近隣の人との人間関係が保たれているかどうか。仕事やボランティア活動、老人クラブや町内会行事への参加状況や、家族内や近隣における役割の有無などの内容や程度はどうかについて確認する。

健康管理について	清潔・整容・口腔ケアや、服薬、定期受診が行えているかどうか。また、飲酒や喫煙のコントロール、食事や運動、休養など健康管理の観点から必要と思われた場合、この領域でアセスメントする。特に高齢者の体調に影響する、食事・水分・排泄の状況については、回数や量などを具体的に確認する。

○具体策についての意向　本人・家族

　計画作成者が提案した「課題に対する目標と具体策」に対する、利用者や家族の意向を確認する。ここで、専門家の提案と利用者の意向の相違点が確認できる。その情報が、最終的な目標設定を合意するうえでの足がかりとなる。合意が得られた場合は「○○が必要だと思う」「○○を行いたい」などと記載する。合意が得られなかった場合には、その理由や根拠等について、利用者や家族の考えを記載する。

○目標

　利用者や家族の意向を踏まえ、計画作成者と利用者・家族の三者が合意した目標を記載する。

○本人等のセルフケアや家族の支援、インフォーマルサービス

　本人が自ら取り組むことや、家族が支援すること、地域のボランティアや近隣住民の協力などもインフォーマルサービスとして記載する。誰が、何をするのか具体的に記載する。

○介護保険サービスまたは地域支援事業

　予防給付、地域支援事業のサービスの内容を記載し、どちらのサービス・事業を利用するかわかるように○印で囲むものとする。

○【本来行うべき支援ができない場合】妥当な支援の実施に向けた方針

　本来の支援が実施できない場合で、利用者や家族の合意がとれない場合は、本来の支援をできるようにはたらきかける具体的な手順や方針など、その内容の実現に向けた方向性を記載する。本来必要な社会資源が地域にない場合にも、地域における新たな活動の創設などの必要性を記載する。

○期間

　「支援内容」に掲げた支援を、どの程度の「期間」にわたり実施するかを記載する（「○か月」「○月○日～○月○日」など）。「期間」の設定においては「認定の有効期間」も考慮する。また、「支援内容」に掲げたサービスを、どの程度の「頻度（一定期間内における回数、実施曜日等）」で実施するか提案があれば記載する。

試験はこう出る！ 右の QR コードから実際に出題された問題を確認することができます。

⑭審査請求および雑則

正しいものをすべて選びましょう。

問題

1 介護保険審査会への審査請求が認められるものとして正しいものをすべて選んでください。(23-15)

- 要介護認定に関する処分について不服がある被保険者　　　　　　○ or ✕
- 介護報酬の審査・支払について不服がある介護サービス事業者　　○ or ✕
- 保険料の滞納処分について不服がある被保険者　　　　　　　　　○ or ✕
- 財政安定化基金拠出金への拠出額について不服がある市町村　　　○ or ✕
- 居宅介護支援事業者から支払われる給与について不服がある介護支援専門員　　　　　　　　　　　　　　　　　　　　　　　　　　○ or ✕

2 介護保険審査会への審査請求が認められるものとして正しいものをすべて選んでください。(22-14)

- 被保険者証の交付の請求に関する処分　　　　　　　　　　　　　○ or ✕
- 市町村特別給付に関する処分　　　　　　　　　　　　　　　　　○ or ✕
- 国民健康保険団体連合会が行う介護報酬の請求に関する審査　　　○ or ✕
- 特定入所者介護サービス費の支給に関する処分　　　　　　　　　○ or ✕
- 介護給付費・地域支援事業支援納付金に関する処分　　　　　　　○ or ✕

これだけはおさえておきたい！💡

○審査請求ができる事項
① 保険給付に関する処分（被保険者証の交付の請求に関する処分、要介護（要支援）認定に関する処分を含む）
② 保険料その他介護保険法の規定による徴収金に関する処分（財政安定化基金拠出金、介護給付費・地域支援事業支援納付金およびその納付金を医療保険者が滞納した場合の延滞金に関する処分を除く）

解答

WB参照ページ

① 　　　　　　　　　　　　　　　　　　　　　　　WB　p.126

- ○ ●要介護認定に関する処分について不服がある被保険者
- ✕

- ○ ●保険料の滞納処分について不服がある被保険者
- ✕

- ✕

② 　　　　　　　　　　　　　　　　　　　　　　　WB　p.126

- ○ ●被保険者証の交付の請求に関する処分

- ○ ●市町村特別給付に関する処分
- ✕

- ○ ●特定入所者介護サービス費の支給に関する処分
- ✕

|試験はこう出る！| 右の QR コードから実際に出題された問題を確認することができます。

⑮高齢化の進展と高齢者を取り巻く状況

次の選択肢は、アンダーラインを引いた部分が誤っています。 ▭ に、正しいものを書いてください。

問題

1 近年の高齢者や介護に関する状況の説明として、介護を要する高齢者を高齢者が介護する「老老介護」は<u>ほぼ横ばいである</u>。(23-3-1)

▭

2 近年の高齢者や介護に関する状況の説明として、<u>**50 代の子が、80 代の親の介護と、社会的に孤立している自身の子のケアを担う**</u>「8050 問題」が顕在化している。(23-3-2)

▭

3 近年の高齢者や介護に関する状況の説明として、<u>**自身の親と配偶者の親の介護を同時に行う**</u>、いわゆる「ダブルケア」が問題となっている。(23-3-3)

▭

4 近年の高齢者や介護に関する状況の説明として、<u>**介護職員の離職率の増加が、**</u>「介護離職」として問題となっている。(23-3-4)

▭

5 近年の高齢者や介護に関する状況の説明として、人口の半数以上を<u>**55 歳以上の者**</u>が占める集落を「限界集落」という。(23-3-5)

解答

① 近年の高齢者や介護に関する状況の説明として、介護を要する高齢者を高齢者が介護する「老老介護」が増加している。

② 近年の高齢者や介護に関する状況の説明として、80代の親と50代の子が、ひきこもりなどの困難を抱えつつ社会的に孤立している「8050問題」が顕在化している。

③ 近年の高齢者や介護に関する状況の説明として、育児と介護を同時に行う、いわゆる「ダブルケア」が問題となっている。

④ 近年の高齢者や介護に関する状況の説明として、介護を理由に仕事を辞めざるを得ないことが、「介護離職」として問題となっている。

⑤ 近年の高齢者や介護に関する状況の説明として、人口の半数以上を65歳以上の者が占める集落を「限界集落」という。

⑯国民健康保険団体連合会の業務

次の文章が正しい内容になるよう、[　　　　] のうち、いずれかを○で囲んでください。

問題

1 介護給付費等審査委員会の設置は、介護保険法で定める [**市町村・都道府県・国民健康保険団体連合会**] が行う業務である。（25-13-3）

2 介護サービスに関する苦情処理について、国民健康保険団体連合会は、事業者に対する [**必要な指導及び助言・指定の全部もしくは一部の効力の停止**] を行う。（25-15-3）

3 指定居宅介護支援事業所への強制権限を伴う立入検査は、介護保険法で定める [**市町村・都道府県・国民健康保険団体連合会**] が行う業務である。（25-13-4）

これだけはおさえておきたい！ 💡

○国民健康保険団体連合会の介護保険事業関係業務
  ・介護給付費の請求に関する審査および支払い
  ・介護予防・日常生活支援総合事業の費用の支払決定にかかる審査・支払い
  ・苦情処理業務
     苦情にかかる事実関係の調査、事業者・施設に対する指導・助言
  ・介護給付費等審査委員会の設置
     市町村から委託を受けて介護給付費請求書および介護予防・日常生活支援総合事業費請求書の審査を行う
  ・第三者行為求償事務
  ・その他の業務
     指定居宅サービス、指定地域密着型サービス、指定居宅介護支援、指定介護予防サービスの事業、指定地域密着型介護予防サービスの事業、介護保険施設の運営

解 答

WB参照ページ

① 介護給付費等審査委員会の設置は、介護保険法で定める [国民健康保険団体連合会] が行う業務である。

WB　p.121

② 介護サービスに関する苦情処理について、国民健康保険団体連合会は、事業者に対する [必要な指導及び助言] を行う。

WB　p.122

③ 指定居宅介護支援事業所への強制権限を伴う立入検査は、介護保険法で定める [市町村] が行う業務である。

WB　p.122

試験はこう出る！ 右の QR コードから実際に出題された問題を確認することができます。

⑰介護保険施設にかかる運営基準（施設）の共通事項

次の文章が正しい内容になるよう、[　　　]のうち、いずれかを○で囲んでください。

問　題

❶ 介護保険施設について、[**入所者ごと・居室ごと**]に施設サービス計画を作成しなければならない。（25-7-4）

❷ 指定介護老人福祉施設における施設サービス計画の作成について、地域住民による自発的な活動によるサービスの利用を[**含めなければならない・含めるよう努めなければならない**]。（22-18-4）

❸ 指定介護老人福祉施設における施設サービス計画の作成について、アセスメントは、[**入所者及びその家族に面接して・サービス担当者会議を開催して**]行う必要がある。（22-18-1）

❹ 指定介護老人福祉施設における施設サービス計画の作成について、原案の内容については、入所者の[**同意を得なければならない・同意は必要がない**]。（22-18-2）

❺ 指定介護老人福祉施設における施設サービス計画の作成について、[**他の担当者と連携体制がとれている場合には、モニタリングのための利用者との定期的な面接は必要がない・入所者及び家族並びに担当者との連絡を継続的に行うこととし、定期的に入所者と面接して行う必要がある**]。（22-18-3）

❻ 指定介護老人福祉施設における施設サービス計画の作成について、作成した計画は、入所者に[**交付しなければならない・交付するよう努めなければならない**]。（22-18-5）

試験はこう出る！ 右のQRコードから実際に出題された問題を確認することができます。

解 答

① 介護保険施設について、[**入所者ごと**] に施設サービス計画を作成しなければならない。

② 指定介護老人福祉施設における施設サービス計画の作成について、地域住民による自発的な活動によるサービスの利用を [**含めるよう努めなければならない**]。

WB　p.478

③ 指定介護老人福祉施設における施設サービス計画の作成について、アセスメントは、[**入所者及びその家族に面接して**] 行う必要がある。

WB　p.171

④ 指定介護老人福祉施設における施設サービス計画の作成について、原案の内容については、入所者の [**同意を得なければならない**]。

WB　p.171

⑤ 指定介護老人福祉施設における施設サービス計画の作成について、[**入所者及び家族並びに担当者との連絡を継続的に行うこととし、定期的に入所者と面接して行う必要がある**]。

WB　p.172

⑥ 指定介護老人福祉施設における施設サービス計画の作成について、作成した計画は、入所者に [**交付しなければならない**]。

WB　p.171

⑱介護支援専門員の基本姿勢

正しいものをすべて選びましょう。

問題

1 担当する利用者に対する介護支援専門員の基本姿勢として、より適切なものをすべて選んでください。(22-16)

- 心身機能が一時的に低下した場合には、利用者の状態にかかわらず、介護保険サービスを区分支給限度基準額まで活用するよう勧める。　　　　○ or ×

- 利用者の自己決定を尊重するため、求めがなければサービス利用に関する情報提供はしない。　　　　○ or ×

- 利用者が認知症のため自分の意向をうまく伝えられない場合には、その意向を推し測り、利用者の尊厳が保持されるように努める。　　　　○ or ×

- 特定のサービス事業者に不当に偏ることなく、公正中立に支援する。　　　　○ or ×

- 利用者と家族の意向が一致しない場合には、家族の意向を優先する。　　　　○ or ×

試験はこう出る！ 右の QR コードから実際に出題された問題を確認することができます。

解答

①

 ●利用者が認知症のため自分の意向をうまく伝えられない場合には、その意向を推し測り、利用者の尊厳が保持されるように努める。

●特定のサービス事業者に不当に偏ることなく、公正中立に支援する。

⑲施設における介護支援

次の選択肢は、アンダーラインを引いた部分が誤っています。 [　　　　　] に、正しいものを書いてください。

問題

1 施設サービス計画書の記載について、「目標」は、**抽象的で複数の入所者に当てはまるものが望ましい**。（24-22-1）

✎ [　　　　　　　　　　　　　　　　　　　　　　　]

2 施設サービス計画書の記載について、**目標の「期間」については、「認定の有効期間」は考慮しない**。（24-22-2）

✎ [　　　　　　　　　　　　　　　　　　　　　　　]

3 施設サービス計画書の記載について、サービス実施の「頻度」には、**必要なとき、随時のように柔軟な対応が可能になるように**記載する。（24-22-3）

✎ [　　　　　　　　　　　　　　　　　　　　　　　]

4 施設サービス計画書の記載について、「利用者及び家族の生活に対する意向」には、利用者及びその家族の生活に対する意向が異なる場合には、**利用者の意向のみを記載する**。（24-22-4）

✎ [　　　　　　　　　　　　　　　　　　　　　　　]

5 施設サービス計画書の記載について、「サービス内容」には、**入所者が算定している加算**を記載する。（24-22-5）

✎ [　　　　　　　　　　　　　　　　　　　　　　　]

|試験はこう出る！| 右の QR コードから実際に出題された問題を確認することができます。

解 答

① 施設サービス計画書の記載について、「目標」は、実際に解決が可能と見込まれるものでなくてはならない。

② 施設サービス計画書の記載について、目標の「期間」の設定においては、「認定の有効期間」も考慮するものとする。

③ 施設サービス計画書の記載について、サービス実施の「頻度」には、週に１回、１日に１回のように一定期間内での回数、実施曜日等を記載する。

④ 施設サービス計画書の記載について、「利用者及び家族の生活に対する意向」には、利用者及びその家族の生活に対する意向が異なる場合には、各々の主張を区別して記載する。

⑤ 施設サービス計画書の記載について、「サービス内容」には、「短期目標」の達成に必要であって最適なサービス内容とその方針を記載する。

第**3**章

保健医療サービスの
知識等

①訪問看護

次の文章が正しい内容になるよう、[　　　] のうち、いずれかを○で囲んでください。

問題

❶ 指定訪問看護について、高齢者が自立した日常生活を営むことができるよう、その **[療養生活・社会生活]** を支援する。（24-41-1）

❷ 訪問看護について、提供に当たっては、常に利用者の病状、心身の状況及び **[その置かれている環境・利用者及び家族の生活に対する意向]** の的確な把握に努める。（25-41-3）

❸ 訪問看護について、急性増悪時に主治医から特別指示書が交付された場合、**[医療保険・介護保険]** から給付が行われる。（25-41-1）

❹ 訪問看護について、特別訪問看護指示書があるときは、**[7日・14日]** 間に限り、医療保険による訪問看護を提供することができる。（23-42-1）

❺ 訪問看護について、介護保険の指定訪問看護ステーションの管理者は、原則として、常勤の **[医師又は歯科医師・保健師又は看護師]** でなければならない。（25-41-2）

これだけはおさえておきたい！ 💡

○**主治医との関係**
・訪問看護の提供の開始に際し、主治医による訪問看護指示書の交付を受けなければならない。
・主治医に訪問看護計画書および訪問看護報告書を提出し、訪問看護の提供にあたり主治医との密接な連携を図らなければならない。
・病状が悪化する急性増悪時には、主治医から特別訪問看護指示書が訪問看護事業所に対して交付される。特別訪問看護指示書の交付がされた場合、交付の日から14日間を限度として医療保険の給付対象になる。

○**訪問看護が医療保険から給付される場合**

①	急性増悪時の訪問看護（特別訪問看護指示書が必要）
②	末期の悪性腫瘍（末期がん）の患者への訪問看護
③	神経難病など厚生労働大臣が定める疾病等の患者への訪問看護
④	精神科訪問看護（認知症を除く）

解答

WB参照ページ

① 指定訪問看護について、高齢者が自立した日常生活を営むことができるよう、その［療養生活］を支援する。

WB p.288

② 訪問看護について、提供に当たっては、常に利用者の病状、心身の状況及び［その置かれている環境］の的確な把握に努める。

③ 訪問看護について、急性増悪時に主治医から特別指示書が交付された場合、［医療保険］から給付が行われる。

WB p.290

④ 訪問看護について、特別訪問看護指示書があるときは、［14日］間に限り、医療保険による訪問看護を提供することができる。

WB p.290

⑤ 訪問看護について、介護保険の指定訪問看護ステーションの管理者は、原則として、常勤の［保健師又は看護師］でなければならない。

WB p.289

○**訪問看護指示書と特別訪問看護指示書**

	有効期間
訪問看護指示書	6か月以内
特別訪問看護指示書	診療の日から14日以内（交付は、1か月に1回を限度（なお、厚生労働大臣が定める者については2回（最長28日間）））。

問題

1 指定訪問看護について正しいものをすべて選んでください。（24-41-2 〜 5）

- 訪問看護事業所には、言語聴覚士を配置することができる。　　　　　○ or ×

- 訪問看護では、薬剤の処方も行う。　　　　　　　　　　　　　　　　○ or ×

- 訪問看護事業所は、介護老人保健施設の入所者にも訪問看護を提供できる。　　　　　　　　　　　　　　　　　　　　　　　　　　　　　○ or ×

- 訪問看護の提供に当たっては、家族に対しても適切な指導を行う。　○ or ×

2 訪問看護について正しいものをすべて選んでください。（25-41-4・5、23-42-4）

- 保険医療機関の指定を受けている病院は、介護保険の指定訪問看護事業者とみなされる。　　　　　　　　　　　　　　　　　　　　　　　○ or ×

- 24 時間 365 日、サービスを提供しなければならない。　　　　　　　○ or ×

- 訪問看護の根拠法には、高齢者の医療の確保に関する法律も含まれる。　　　　　　　　　　　　　　　　　　　　　　　　　　　　　　　○ or ×

試験はこう出る！ 右の QR コードから実際に出題された問題を確認することができます。

解答

WB参照ページ

① WB　p.289

○ ●訪問看護事業所には、言語聴覚士を配置することができる。

✕

✕

○ ●訪問看護の提供に当たっては、家族に対しても適切な指導を行う。

② WB　p.289、p.292

○ ●保険医療機関の指定を受けている病院は、介護保険の指定訪問看護事業者とみなされる。

✕

○ ●訪問看護の根拠法には、高齢者の医療の確保に関する法律も含まれる。

②看護小規模多機能型居宅介護

> 次の文章が正しい内容になるよう、[　　　　] のうち、いずれかを○で囲んでください。

問題

❶ 指定看護小規模多機能型居宅介護について、[**訪問看護・訪問介護**] 及び小規模多機能型居宅介護の組合せによりサービスを提供する。(24-43-1)

❷ 指定看護小規模多機能型居宅介護について、登録者の居宅サービス計画は、[**居宅介護支援事業所・看護小規模多機能型居宅介護事業所**] の介護支援専門員が作成する。(24-43-2)

❸ 指定看護小規模多機能型居宅介護について、居宅サービス事業者その他 [**保健医療サービス又は福祉サービス・地域の住民による自発的な活動によるサービス**] を提供する者との密接な連携に努めなければならない。(24-43-3)

❹ 指定看護小規模多機能型居宅介護について、利用者に対してターミナルケアを行うことが [**できない・できる**]。(24-43-5)

❺ 指定看護小規模多機能型居宅介護について、事業所には、介護支援専門員を [**配置しなければならない・配置する必要はない**]。(23-43-5)

❻ 指定看護小規模多機能型居宅介護について、事業所の登録定員は、[**29 人・30 人**] 以下である。(23-43-1)

❼ 指定看護小規模多機能型居宅介護について、その利用者については、訪問介護費を算定することが [**できる・できない**]。(23-43-4)

❽ 指定看護小規模多機能型居宅介護について、事業者は、看護小規模多機能型居宅介護計画及び看護小規模多機能型居宅介護報告書を [**主治の医師・市町村**] に提出しなければならない。(22-43-3)

| 試験はこう出る！| 右の QR コードから実際に出題された問題を確認することができます。

解 答

WB参照ページ

① 指定看護小規模多機能型居宅介護について、[訪問看護]及び小規模多機能型居宅介護の組合せによりサービスを提供する。　WB　p.319

② 指定看護小規模多機能型居宅介護について、登録者の居宅サービス計画は、[看護小規模多機能型居宅介護事業所]の介護支援専門員が作成する。　WB　p.319

③ 指定看護小規模多機能型居宅介護について、居宅サービス事業者その他[保健医療サービス又は福祉サービス]を提供する者との密接な連携に努めなければならない。

④ 指定看護小規模多機能型居宅介護について、利用者に対してターミナルケアを行うことが[できる]。　WB　p.322

⑤ 指定看護小規模多機能型居宅介護について、事業所には、介護支援専門員を[配置しなければならない]。　WB　p.320

⑥ 指定看護小規模多機能型居宅介護について、事業所の登録定員は、[29人]以下である。　WB　p.319

⑦ 指定看護小規模多機能型居宅介護について、その利用者については、訪問介護費を算定することが[できない]。　WB　p.322

⑧ 指定看護小規模多機能型居宅介護について、事業者は、看護小規模多機能型居宅介護計画及び看護小規模多機能型居宅介護報告書を[主治の医師]に提出しなければならない。　WB　p.321

③介護老人保健施設

正しいものをすべて選びましょう。

問題

❶ 介護老人保健施設について正しいものをすべて選んでください。(25-45-1、24-44-1・2・4、23-44-3)

●社会福祉法人は、開設できる。	○ or ×
●入所者の在宅復帰を目指す。	○ or ×
●入所者は、要介護者より要支援者が多い。	○ or ×
●施設内で提供される保健医療サービスで完結する施設サービス計画を立てる。	○ or ×
●人員に関する基準には、医療分野から介護分野まで幅広い職種が含まれている。	○ or ×

これだけはおさえておきたい！ 💡

○**介護老人保健施設とは**
　要介護者に対し、施設サービス計画に基づいて、看護、医学的管理の下における介護および機能訓練その他必要な医療ならびに日常生活上の世話を行うことを目的とする施設として、都道府県知事の許可を受けたものをいう。

○**介護老人保健施設の開設許可**
　介護老人保健施設を開設しようとする者は、都道府県知事の許可を受けなければならない。

○**介護老人保健施設を開設できる主なもの**

地方公共団体 医療法人 社会福祉法人 国	独立行政法人地域医療機能推進機構 日本赤十字社 厚生（医療）農業協同組合連合会 健康保険組合および健康保険組合連合会　など

解答

WB参照ページ

① WB p.324～325

○ ● 社会福祉法人は、開設できる。

○ ● 入所者の在宅復帰を目指す。

✕

✕ → 施設サービス計画の作成にあたっては、地域の住民による自発的な活動によるサービス等の利用も含めて施設サービス計画上に位置づけるよう努めなければならない。

○ ● 人員に関する基準には、医療分野から介護分野まで幅広い職種が含まれている。

○介護老人保健施設の人員
・医師
・薬剤師
・看護職員・介護職員
・支援相談員
・理学療法士、作業療法士または言語聴覚士
・栄養士または管理栄養士
・介護支援専門員
・調理員、事務員等
・管理者

試験はこう出る！ 右のQRコードから実際に出題された問題を確認することができます。

④介護医療院

次の文章が正しい内容になるよう、[　　　]のうち、いずれかを○で囲んでください。

問題

❶ 介護医療院について、主として [**長期にわたり**・短期的な] 療養が必要である要介護者を対象とする。(24-45-1)

❷ 介護医療院の創設により、介護療養型医療施設は [**2018（平成30）年4月にすべて廃止された**・2024（令和6）年3月末までに廃止される]。(23-45-3)

正しいものをすべて選びましょう。

❸ 介護医療院について適切なものをすべて選んでください。(22-45-3・4)

● 医療法の医療提供施設には該当しない。　　　　　　　　　　○ or ×

● 必要な医療の提供が困難な場合には、他の医師の対診を求める等適切な措置を講じなければならない。　　　　　　　　　　　　　○ or ×

これだけはおさえておきたい！ 💡

○介護医療院
　要介護者であって、主に長期にわたって療養が必要である場合に、施設サービス計画に基づいて、療養上の管理、看護、医学的管理の下における介護および機能訓練その他必要な医療ならびに日常生活上の世話を行うことを目的とする施設。

○介護医療院の開設許可
　介護医療院を開設しようとする者は、都道府県知事の許可を受けなければならない。

○介護医療院の種類
　介護医療院は、施設の人員基準から、①Ⅰ型介護医療院、②Ⅱ型介護医療院に分けられている。

試験はこう出る！ 右のQRコードから実際に出題された問題を確認することができます。

解答

WB参照ページ

① 介護医療院について、主として［**長期にわたり**］療養が必要である要
介護者を対象とする。

WB　p.332

② 介護医療院の創設により、介護療養型医療施設は［**2024（令和 6）年 3 月末までに廃止される**］。

WB　p.332

③

WB　p.333、p.335

✗ → 病院、診療所、介護老人保健施設、介護医療院、調剤を実施
する薬局その他の医療を提供する施設を医療提供施設という

◯ ●必要な医療の提供が困難な場合には、他の医師の対診を求
める等適切な措置を講じなければならない。

	対象	主な人員基準
Ⅰ型介護医療院	主として長期にわたり療養が必要である者で、重篤な身体疾患を有する者および身体合併症を有する認知症高齢者等	医師：48 対 1（施設で 3 以上） 看護職員：6 対 1 介護職員：5 対 1 介護支援専門員：100 対 1
Ⅱ型介護医療院	Ⅰ型以外の者	医師：100 対 1（施設で 1 以上） 看護職員：6 対 1 介護職員：6 対 1 介護支援専門員：100 対 1

○介護医療院と介護療養型医療施設

　介護医療院は、2017（平成 29）年の介護保険法改正において創設された。また、**介護療養型医療施設は 2024（令和 6）年 3 月末までに廃止される**ことになっている。

⑤通所リハビリテーション

次の文章が正しい内容になるよう、［　　　　］のうち、いずれかを○で囲んでください。

問題

1 指定通所リハビリテーションについて、［**介護老人福祉施設・介護老人保健施設**］で提供される。（25-42-2）

2 指定通所リハビリテーションについて、［**利用者の社会的孤立感の解消・利用者の生活機能の維持又は向上**］を目指し、心身の機能の維持回復を図るものでなければならない。（25-42-1）

3 指定通所リハビリテーションについて、通所リハビリテーション計画は、医師及び理学療法士、作業療法士等の従業者が、［**それぞれ独立して・共同して**］作成する。（25-42-4）

4 指定通所リハビリテーションについて、通所リハビリテーション計画の進捗状況を［**要介護認定の更新ごとに・定期的に**］評価し、必要に応じて当該計画を見直す。（25-42-5）

5 通所リハビリテーション又は介護予防通所リハビリテーションについて、リハビリテーション会議は、［**市町村及び地域包括支援センターの職員・利用者及びその家族**］の参加が基本とされている。（23-37-2）

これだけはおさえておきたい！ 💡

○通所リハビリテーション事業所

　通所リハビリテーション事業所は、介護老人保健施設、介護医療院、病院および診療所でなければならない。

　なお、病院および診療所については健康保険法に基づく指定があった際、介護老人保健施設および介護医療院については介護保険法に基づく許可があった際、通所リハビリテーション事業所として指定があったものとみなされる。

解答

WB参照ページ

① 指定通所リハビリテーションについて、[**介護老人保健施設**] で提供される。

WB p.302

② 指定通所リハビリテーションについて、[**利用者の生活機能の維持又は向上**] を目指し、心身の機能の維持回復を図るものでなければならない。

③ 指定通所リハビリテーションについて、通所リハビリテーション計画は、医師及び理学療法士、作業療法士等の従業者が、[**共同して**] 作成する。

WB p.306

④ 指定通所リハビリテーションについて、通所リハビリテーション計画の進捗状況を [**定期的に**] 評価し、必要に応じて当該計画を見直す。

⑤ 通所リハビリテーション又は介護予防通所リハビリテーションについて、リハビリテーション会議は、[**利用者及びその家族**] の参加が基本とされている。

WB p.295

|試験はこう出る！| 右の QR コードから実際に出題された問題を確認することができます。

⑥訪問リハビリテーション

次の選択肢は、アンダーラインを引いた部分が誤っています。　　　　　　　に、正しいものを書いてください。

問 題

1 指定訪問リハビリテーションについて、対象者は、<u>通院でのリハビリテーションが可能な利用者</u>である。（24-42-5）

✎

2 指定訪問リハビリテーションについて、指定訪問介護事業等の従業者に対し、<u>介護の工夫に関する指示</u>を行うことができる。（24-42-1）

✎

3 指定訪問リハビリテーションについて、介護報酬上、<u>サービスの提供回数に限度はない</u>。（24-42-3）

✎

これだけはおさえておきたい！ 💡

○訪問リハビリテーション事業所

　訪問リハビリテーション事業所は、病院、診療所、介護老人保健施設または介護医療院でなければならない。

　なお、病院および診療所については健康保険法に基づく指定があった際、訪問リハビリテーション事業所として指定があったものとみなされる。

○訪問リハビリテーションの具体的取扱方針

　指定訪問リハビリテーションは理学療法士、作業療法士または言語聴覚士によって、医師の指示および訪問リハビリテーション計画に基づき提供される。

　提供にあたっては、利用者または家族に対し、リハビリテーションの内容、目的、具体的な方法などについて指導または説明を行うほか、介護支援専門員を通じ、指定訪問介護の事業などの従業者に対し、リハビリテーションの観点から、日常生活上の留意点や介護の工夫などの情報を伝達する。

解答

① 指定訪問リハビリテーションについて、対象者は、<u>通院でのリハビリテーションが困難な</u>利用者である。

② 指定訪問リハビリテーションについて、指定訪問介護事業等の従業者に対し、<u>介護の工夫に関する指導</u>を行うことができる。

WB p.295

③ 指定訪問リハビリテーションについて、介護報酬上、<u>利用者又はその家族等利用者の看護に当たる者に対して 1 回当たり 20 分以上指導を行った場合に、1 週に 6 回を限度として算定する。</u>

WB p.297

|試験はこう出る！| 右の QR コードから実際に出題された問題を確認することができます。

⑦居宅療養管理指導

次の選択肢は、アンダーラインを引いた部分が誤っています。□□□□□に、正しいものを書いてください。

問題

1 医師が行う居宅療養管理指導について、<u>**多様な事業者及び施設から、総合的かつ効率的に提供されるよう**</u>行われなければならない。（22-44-1）

2 医師が行う居宅療養管理指導について、<u>**交通費を受け取ることはできない**</u>。（22-44-2）

3 医師が行う居宅療養管理指導について、<u>**区分支給限度基準額が適用される**</u>。（22-44-3）

4 医師が行う居宅療養管理指導について、保険医療機関として指定を受けている病院は、都道府県知事の<u>**許可**</u>があったものとみなされる。（22-44-4）

5 医師が行う居宅療養管理指導について、サービス担当者会議への参加が困難な場合には、<u>**サービス担当者会議の開催前に、居宅介護支援事業所の介護支援専門員の訪問を受けて**</u>情報提供・助言を行わなければならない。（22-44-5）

これだけはおさえておきたい！ 💡

○居宅療養管理指導の基本取扱方針など

・医師または歯科医師の行う居宅療養管理指導について、療養上適切な居宅サービスが提供されるために必要があると認める場合または居宅介護支援事業者・居宅サービス事業者から求めがあった場合は、居宅サービス計画の作成、居宅サービスの提供等に必要な情報提供または助言を行う。

・情報提供または助言については、原則として、サービス担当者会議に参加することにより行わなければならない。サービス担当者会議への参加によることが困難な場合については、居宅介護支援事業者または居宅サービス事業者に対して、原則として、情報提供または助

解 答

WB参照ページ

① 医師が行う居宅療養管理指導について、<u>要介護状態の悪化の防止等に資するよう、計画的に</u>行われなければならない。

② 医師が行う居宅療養管理指導について、<u>交通費を受け取ることができる</u>。　WB　p.299

③ 医師が行う居宅療養管理指導について、<u>区分支給限度基準額は適用されない</u>。　WB　p.300

④ 医師が行う居宅療養管理指導について、保険医療機関として指定を受けている病院は、都道府県知事の<u>指定</u>があったものとみなされる。　WB　p.299

⑤ 医師が行う居宅療養管理指導について、サービス担当者会議への参加が困難な場合には、<u>原則として、文書により</u>情報提供・助言を行わなければならない。　WB　p.300

言の内容を記載した文書を交付して行わなければならない。

○医師・歯科医師が行う居宅療養管理指導

主治医および歯科医師の行う居宅療養管理指導については、介護支援専門員（ケアマネジャー）に対するケアプランの作成等に必要な情報提供ならびに利用者もしくはその家族等に対する介護サービスを利用するうえでの留意点、介護方法等についての指導および助言を行った場合に算定する。

ケアマネジャーへの情報提供がない場合には、算定できない。

|試験はこう出る！| 右の QR コードから実際に出題された問題を確認することができます。

⑧定期巡回・随時対応型訪問介護看護

次の選択肢は、アンダーラインを引いた部分が誤っています。 ☐ に、正しいものを書いてください。

問題

❶ 指定定期巡回・随時対応型訪問介護看護について、**要支援者も利用できる。**（25-44-2）

✎ ☐

❷ 指定定期巡回・随時対応型訪問介護看護について、利用者が尊厳を保持し、**利用者の家族の身体的及び精神的負担の軽減を図るものでなければならない。**（25-44-1）

✎ ☐

❸ 指定定期巡回・随時対応型訪問介護看護について、随時対応サービスについては、**利用者の家族から寄せられる在宅介護における相談等には対応できない。**（25-44-4）

✎ ☐

これだけはおさえておきたい！ 💡

○定期巡回・随時対応型訪問介護看護の基本方針

定期巡回・随時対応型訪問介護看護は、要介護状態となった場合においても、利用者が尊厳を保持し、可能な限りその居宅において、有する能力に応じ自立した日常生活を営むことができるよう、定期的な巡回または随時通報によりその居宅を訪問し、安心して居宅において生活を送ることができるようにするための援助を行うとともに、その療養生活を支援し、心身の機能の維持回復を目指すものでなければならない。

①定期巡回サービス、②随時対応サービス、③随時訪問サービス、④訪問看護サービスを組み合わせて提供される。

| 試験はこう出る！ | 右の QR コードから実際に出題された問題を確認することができます。

解 答	WB参照ページ

1. 指定定期巡回・随時対応型訪問介護看護について、<u>要支援者は利用できない</u>。

WB　p.314

2. 指定定期巡回・随時対応型訪問介護看護について、利用者が尊厳を保持し、<u>可能な限りその居宅において、その有する能力に応じ自立した日常生活を営むことができるよう援助を行う</u>。

3. 指定定期巡回・随時対応型訪問介護看護について、随時対応サービスについては、<u>利用者のみならずその家族等からの在宅介護における相談等にも適切に対応する</u>。

WB　p.316

定期巡回サービス	訪問介護員等が、定期的に利用者の居宅を巡回して日常生活上の世話を行う。
随時対応サービス	あらかじめ、利用者の心身の状況、その環境などを把握したうえで、随時、利用者またはその家族等からの通報を受け、その内容などをもとに、訪問介護員等の訪問または看護師等による対応が必要かどうか判断する。
随時訪問サービス	随時対応サービスにおける判断に基づき、訪問介護員等が利用者の居宅を訪問し、日常生活上の世話を行う。
訪問看護サービス	看護師等が利用者の居宅を訪問し、療養上の世話または必要な診療の補助を行う。

第4章

福祉サービスの
知識等

①訪問介護

問題

❶ 介護保険における訪問介護について、訪問介護計画の作成は、**[管理者・サービス提供責任者]** の業務として位置付けられている。(25-50-1)

❷ 介護保険における訪問介護について、介護支援専門員は、一定回数以上の生活援助中心型の訪問介護を居宅サービス計画に位置付ける場合には、その居宅サービス計画を **[都道府県・市町村]** に届け出なければならない。(23-52-3)

❸ 介護保険における訪問介護について、指定訪問介護事業者は、**[利用申込者の要介護度が重いことを理由として・事業所の現員からは利用申込に応じきれないことを理由として]**、サービスの提供を拒むことができる。(23-52-5)

❹ 介護保険における訪問介護について、**[サービス提供責任者・管理者]** は、**[居宅介護支援事業者・市町村]** に対し、サービス提供に当たり把握した利用者の心身の状態及び生活の状況について必要な情報の提供を行うものとする。(25-50-3)

❺ 介護保険における訪問介護について、指定訪問介護事業者は、利用者が不正な行為によって保険給付を受けたときは、遅滞なく、**[都道府県・市町村]** に通知しなければならない。(25-50-4)

これだけはおさえておきたい！ 💡

○提供拒否の禁止

　指定訪問介護事業者は、正当な理由なく指定訪問介護の提供を拒んではならない。特に、要介護度や所得の多寡を理由にサービスを拒否することは禁止されている。

提供を拒むことのできる正当な理由

①事業所の現員からは利用申込に応じられない場合

②利用申込者の居住地が事業所の通常の事業の実施地域外である場合、その他利用申込者に対し自ら適切な介護サービスを提供することが困難な場合

解 答

WB参照ページ

① 介護保険における訪問介護について、訪問介護計画の作成は、[**サービス提供責任者**]の業務として位置付けられている。

WB p.401

② 介護保険における訪問介護について、介護支援専門員は、一定回数以上の生活援助中心型の訪問介護を居宅サービス計画に位置付ける場合には、その居宅サービス計画を[**市町村**]に届け出なければならない。

WB p.399

③ 介護保険における訪問介護について、指定訪問介護事業者は、[**事業所の現員からは利用申込に応じきれないことを理由として**]、サービスの提供を拒むことができる。

④ 介護保険における訪問介護について、[**サービス提供責任者**]は、[**居宅介護支援事業者**]に対し、サービス提供に当たり把握した利用者の心身の状態及び生活の状況について必要な情報の提供を行うものとする。

WB p.401

⑤ 介護保険における訪問介護について、指定訪問介護事業者は、利用者が不正な行為によって保険給付を受けたときは、遅滞なく、[**市町村**]に通知しなければならない。

○サービス提供責任者の責務
- ・訪問介護計画の作成
- ・訪問介護の利用申込みの調整
- ・利用者の状態の変化やサービスに関する意向の定期的な把握
- ・サービス担当者会議への出席などを通じた、居宅介護支援事業者等との連携
- ・訪問介護員等に対する、具体的な援助目標および援助内容の指示、利用者の状況にかかる情報の伝達
- ・訪問介護員等の業務の実施状況の把握
- ・訪問介護員等の能力や希望を踏まえた業務管理の実施　など

問 題

1️⃣ 介護保険における訪問介護について、**1か月当たりの居宅サービス計画のうち、訪問介護が位置付けられた件数が10件以下の場合、訪問介護計画を作成する必要はない**。（25-50-2）

✏️ _____

2️⃣ 介護保険における訪問介護について、指定訪問介護事業所の管理者については、**介護福祉士または実務者研修修了者のいずれかでなければならない**。（23-52-1）

✏️ _____

これだけはおさえておきたい！ 💡

○一般的に介護保険の生活援助の範囲に含まれないと考えられる事例

「直接本人の援助」に該当しない行為	主として家族の利便に供する行為または家族が行うことが適当であると判断される行為	・利用者以外のものにかかる洗濯、調理、買い物、布団干し ・主として利用者が使用する居室等以外の掃除 ・来客の応接（お茶、食事の手配等） ・自家用車の洗車・清掃　など
「日常生活援助」に該当しない行為	① 訪問介護員が行わなくても日常生活を営むのに支障が生じないと判断される行為	・草むしり ・花木の水やり ・犬の散歩等ペットの世話　など
	② 日常的に行われる家事の範囲を超える行為	・家具・電気器具等の移動、修繕、模様替え ・大掃除、窓のガラス磨き、床のワックスがけ ・室内外家屋の修理、ペンキ塗り ・植木の剪定等の園芸 ・正月、節句等のために特別な手間をかけて行う調理　など

解答

WB参照ページ

① 介護保険における訪問介護について、<u>利用回数が少ない利用者であっても、訪問介護計画を作成しなければならない</u>。

② 介護保険における訪問介護について、指定訪問介護事業所の管理者については、<u>特段の資格は不要である</u>。

WB　p.400

○身体介護と生活援助

身体介護と生活援助は次のように整理されている。

身体介護	①　利用者の**身体に直接接触して行う介助サービス**（そのために必要となる準備、後片づけ等の一連の行為を含む） ②　利用者の ADL・IADL・QOL や意欲の向上のために利用者とともに行う自立支援・重度化防止のためのサービス ③　その他専門的知識・技術（介護を要する状態となった要因である心身の障害や疾病等に伴って必要となる特段の専門的配慮）をもって行う利用者の日常生活上・社会生活上のためのサービス
生活援助	身体介護以外の訪問介護であって、掃除、洗濯、調理などの日常生活の援助（そのために必要な一連の行為を含む）であり、利用者が単身、家族が障害・疾病などのため、本人や家族が家事を行うことが困難な場合に行われるもの

　身体介護は、仮に、介護等を要する状態が解消されたならば不要となる行為であるということができる。一方、生活援助は、本人の代行的なサービスとして位置づけることができ、仮に、介護等を要する状態が解消されたとしたならば、本人が自身で行うことが基本となる行為であるということができる。

試験はこう出る！ 右の QR コードから実際に出題された問題を確認することができます。

②訪問入浴介護

正しいものをすべて選びましょう。

問題

❶ 介護保険における訪問入浴介護について正しいものをすべて選んでください。（22-52-2、23-54-1、25-52-2・3）

● 終末期にある者も、訪問入浴介護を利用できる。　　　　　　　　○ or ✕

● 利用者宅に浴室があっても、訪問入浴介護を提供することができる。　　○ or ✕

● 管理者は、看護師又は准看護師でなければならない。　　　　　　○ or ✕

● サービス提供時に使用する浴槽は、事業者が備えなければならない。　○ or ✕

これだけはおさえておきたい！ 💡

○訪問入浴介護の利用者
　・訪問入浴介護の平均要介護度 4.1
　・要介護度別にみると、要介護 5 が 48.6％、要介護 4 が 29.1％、要介護 3 が 12.4％で、要介護 3 〜 5 で、全体の 90.1％ を占めている（令和 4 年度介護給付費等実態統計報告（令和 4 年 5 月審査分〜令和 5 年 4 月審査分）。

○管理者
　事業所ごとに専らその職務に従事する常勤の管理者を置かなければならない。なお、管理者は、訪問介護員などである必要はないとされ、資格要件は定められていない。

解答

WB参照ページ

①

WB p.405～406

○	●終末期にある者も、訪問入浴介護を利用できる。
○	●利用者宅に浴室があっても、訪問入浴介護を提供することができる。
✕	
○	●サービス提供時に使用する浴槽は、事業者が備えなければならない。

試験はこう出る！ 右のQRコードから実際に出題された問題を確認することができます。

③通所介護

次の文章が正しい内容になるよう、[　　　]のうち、いずれかを○で囲んでください。

問題

1 介護保険における通所介護について、**[利用者の社会的孤立感の解消を図ること・認知症に関する知識の普及及び啓発]** は、指定通所介護の事業の基本方針に含まれている。（25-51-1）

2 介護保険における通所介護について、通所介護計画の目標及び内容については、利用者又は家族に説明を行うとともに、**[その実施状況や評価について・通所介護計画に位置づけられた個別機能訓練、栄養管理及び口腔管理の総数のうち個別機能訓練の占める割合について]** も説明を行うものとする。（25-51-3）

3 介護保険における通所介護について、通所介護計画作成後に居宅サービス計画が作成された場合、その通所介護計画が居宅サービス計画に沿ったものであるか、**[確認する・確認する必要はない]**。（25-51-2）

4 介護保険における通所介護について、利用者は、利用日ごとに異なる提供時間数のサービスを受けることが **[できる・できない]**。（25-51-4）

5 介護保険における通所介護について、通所介護費は、事業所の規模によって **[2つ・3つ]** に分けて設定されている。（23-53-1）

6 介護保険における通所介護について、入浴介助を適切に行うことができる人員及び設備を有する事業所が入浴介助を行った場合には、**[入浴介助加算・サービス提供体制強化加算]** を算定できる。（22-51-3）

解 答

WB参照ページ

① 介護保険における通所介護について、[**利用者の社会的孤立感の解消を図ること**] は、指定通所介護の事業の基本方針に含まれている。

WB　p.410

② 介護保険における通所介護について、通所介護計画の目標及び内容については、利用者又は家族に説明を行うとともに、[**その実施状況や評価について**] も説明を行うものとする。

WB　p.412

③ 介護保険における通所介護について、通所介護計画作成後に居宅サービス計画が作成された場合、その通所介護計画が居宅サービス計画に沿ったものであるか、[**確認する**]。

WB　p.412

④ 介護保険における通所介護について、利用者は、利用日ごとに異なる提供時間数のサービスを受けることが [**できる**]。

WB　p.413

⑤ 介護保険における通所介護について、通所介護費は、事業所の規模によって [**3つ**] に分けて設定されている。

WB　p.413

⑥ 介護保険における通所介護について、入浴介助を適切に行うことができる人員及び設備を有する事業所が入浴介助を行った場合には、[**入浴介助加算**] を算定できる。

WB　p.414

問題

① 介護保険における通所介護について正しいものをすべて選んでください。（24-51-1〜3)

● 送迎に要する時間は、通所介護費算定の基準となる所要時間には含まれない。　　　　　　　　　　　　　　○ or ×

● 通所介護計画は、利用者が作成を希望しない場合には、作成しなくてもよい。　　　　　　　　　　　　　　○ or ×

● 利用料以外の料金として、おむつ代の支払いを受けることができる。　　○ or ×

これだけはおさえておきたい！

○通所介護の基本方針

利用者が可能な限りその居宅において、その有する能力に応じ自立した日常生活を営むことができるよう生活機能の維持または向上を目指し、必要な日常生活上の世話および機能訓練を行うことにより、利用者の社会的孤立感の解消および心身の機能の維持ならびに利用者の家族の身体的および精神的負担の軽減を図るものでなければならない。

○通所介護費

通所介護の基本報酬は、①事業所の規模（前年度1か月あたりの平均利用延べ人員数を基準とした❶通常規模型、❷大規模型（Ⅰ）、❸大規模型（Ⅱ）の3区分）、②所要時間（❶3時間以上4時間未満、❷4時間以上5時間未満、❸5時間以上6時間未満、❹6時間以上7時間未満、❺7時間以上8時間未満、❻8時間以上9時間未満の6区分）、③利用者の要介護度（5区分）によって設定されている。

	前年度1か月あたりの平均利用延人員数
通常規模型	750人以内
大規模型（Ⅰ）	900人以内
大規模型（Ⅱ）	900人超

解答

①

◯	●送迎に要する時間は、通所介護費算定の基準となる所要時間には含まれない。	WB　p.413
✕	→　通所介護事業所の管理者は、利用者の心身の状況、希望およびその置かれている環境を踏まえて、機能訓練等の目標、目標を達成するための具体的なサービスの内容等を記載した通所介護計画を作成しなければならない。	WB　p.412
◯	●利用料以外の料金として、おむつ代の支払いを受けることができる。	WB　p.411

　なお、所要時間については、サービスに要した時間ではなく、通所介護計画に位置づけられた内容の通所介護を行うための標準的な時間による。

　また、送迎に要する時間は所要時間に含まれない。ただし、送迎時に実施した居宅内での介助等（着替え、ベッド・車いすへの移乗、戸締り等）に要する時間は一定の要件を満たす場合 1 日 30 分以内を限度として、通所介護を要する時間に含めることができる。

○利用料等の受領

　利用者負担のほか、以下についての支払いを受けられる。
・通常の事業の実施地域以外に送迎する費用
・食事の費用
・通常の時間を超えるサービス（預かりサービス）の費用
・おむつ代
・日常生活費

試験はこう出る！ 右の QR コードから実際に出題された問題を確認することができます。

④ 短期入所生活介護

次の文章が正しい内容になるよう、[　　　] のうち、いずれかを○で囲んでください。

問題

1 介護保険における短期入所生活介護について、短期入所生活介護計画は、**[居宅サービス計画を作成した介護支援専門員・事業所の管理者]** が作成しなければならない。(24-53-1)

2 介護保険における短期入所生活介護について、一の居室の定員は、**[1 人・4 人以下]** でなければならない。(25-53-4)

これだけはおさえておきたい！ 💡

○短期入所生活介護の基本方針

　利用者が可能な限りその居宅において、その有する能力に応じ自立した日常生活を営むことができるよう、日常生活上の世話および機能訓練を行うことにより、利用者の心身の機能の維持ならびに利用者の家族の身体的および精神的負担の軽減を図るものでなければならない。

　利用者の心身の状況により、もしくはその家族の疾病、冠婚葬祭、出張等の理由により、利用者の家族の身体的および精神的な負担の軽減等を図るために、一時的に居宅において日常生活を営むのに支障がある者を対象に、短期入所生活介護を提供する。

○短期入所生活介護計画の作成

・事業所の管理者は、相当期間以上（おおむね 4 日以上連続して利用する場合）にわたり継続して入所することが予定される利用者については、短期入所生活介護の提供の開始前から終了後に至るまでの利用者が利用するサービスの継続性に配慮して、他の短期入所生活介護従業者と協議のうえ、サービスの目標、目標を達成するための具体的なサービスの内容等を記載した短期入所生活介護計画を作成しなければならない。

・短期入所生活介護計画は、すでに居宅サービス計画が作成されている場合は、計画の内容に沿って作成しなければならない。

・事業所の管理者は、短期入所生活介護計画の作成に当たっては、その内容について利用者またはその家族に対して説明し、利用者の同意を得なければならない。

・事業所の管理者は、短期入所生活介護計画を作成した際には、短期入所生活介護計画を利用者に交付しなければならない。

解答

WB参照ページ

① 介護保険における短期入所生活介護について、短期入所生活介護計画は、
[**事業所の管理者**] が作成しなければならない。

WB　p.419

② 介護保険における短期入所生活介護について、一の居室の定員は、[**4
人以下**] でなければならない。

WB　p.419

|試験はこう出る！| 右の QR コードから実際に出題された問題を確認することができます。

問 題

1 介護保険における短期入所生活介護について正しいものをすべて選んでください。
（25-53-1 ～ 3、24-53-3)

- 家族の冠婚葬祭や出張を理由とした利用はできない。

○ or ×

- 災害等のやむを得ない事情がある場合でも、利用定員を超えることは認められない。

○ or ×

- 短期入所生活介護計画の作成は、既に居宅サービス計画が作成されている場合には、当該計画の内容に沿って作成されなければならない。

○ or ×

- 短期入所生活介護計画の内容については、利用者及びその家族に説明を行えば、利用者の同意を得る必要はない。

○ or ×

解 答

WB参照ページ

①

WB p.417、p.419

✕ → 短期入所生活介護事業者は、利用者の心身の状況により、もしくはその家族の疾病、冠婚葬祭、出張等の理由により、または利用者の家族の身体的および精神的な負担の軽減等を図るために、短期入所生活介護を提供するものとする。

✕ → 短期入所生活介護事業者は、入所定員および居室の定員を超えることとなる利用者数以上の利用者に対して同時に短期入所生活介護を行ってはならない。ただし、災害、虐待その他のやむを得ない事情がある場合は、この限りでない。

○ ●短期入所生活介護計画の作成は、既に居宅サービス計画が作成されている場合には、当該計画の内容に沿って作成されなければならない。

✕ → 短期入所生活介護事業所の管理者は、短期入所生活介護計画の作成にあたっては、その内容について利用者またはその家族に対して説明し、利用者の同意を得なければならない。

⑤介護老人福祉施設

次の文章が正しい内容になるよう、[　　　]のうち、いずれかを○で囲んでください。

問題

1 指定介護老人福祉施設について、[**都道府県知事・市町村長**]が指定する。（25-57-2）

2 指定介護老人福祉施設について、[**明るく家庭的な雰囲気を有し・入居者の福祉を重視するとともに**]、[**地域や家庭との結び付きを重視した・安定的かつ継続的な**]運営を行うよう努めなければならない。（25-57-1）

3 指定介護老人福祉施設について、[**褥瘡の発生を予防するための体制・地域における認知症である人への支援体制**]を整備しなければならない。（25-57-4）

4 指定介護老人福祉施設について、入所者が居宅での生活を営むことができるかどうかについて、[**市町村、地域包括支援センター間で・生活相談員、介護職員、看護職員、介護支援専門員等の従業者間で**]協議しなくてはならない。（23-57-2）

5 指定介護老人福祉施設について、健康状態によって入浴が困難な入所者には、清拭を[**定期的に・1週間に2回以上**]行わなければならない。（22-57-5）

6 指定介護老人福祉施設について、感染症や食中毒の予防又はまん延防止のため、その対策を検討する委員会をおおむね[**1月・3月**]に1回以上開催しなければならない。（22-57-2）

これだけはおさえておきたい！ 💡

○介護老人福祉施設の基本方針
・施設サービス計画に基づき、可能な限り、居宅における生活への復帰を念頭に置いて、入浴、排泄、食事等の介護、相談および援助、社会生活上の便宜の供与その他の日常生活上の世話、機能訓練、健康管理および療養上の世話を行うことにより、入所者がその有する能力に応じ自立した日常生活を営むことができるようにすることを目指すものでなければならない。
・入所者の意思および人格を尊重し、常にその者の立場に立って指定介護福祉施設サービスを提供するように努めなければならない。

解答

WB参照ページ

① 指定介護老人福祉施設について、[都道府県知事] が指定する。

WB p.475

② 指定介護老人福祉施設について、[明るく家庭的な雰囲気を有し]、[地域や家庭との結び付きを重視した] 運営を行うよう努めなければならない。

WB p.476

③ 指定介護老人福祉施設について、[褥瘡の発生を予防するための体制] を整備しなければならない。

WB p.479

④ 指定介護老人福祉施設について、入所者が居宅での生活を営むことができるかどうかについて、[生活相談員、介護職員、看護職員、介護支援専門員等の従業者間で] 協議しなくてはならない。

WB p.478

⑤ 指定介護老人福祉施設について、健康状態によって入浴が困難な入所者には、清拭を [1週間に2回以上] 行わなければならない。

WB p.479

⑥ 指定介護老人福祉施設について、感染症や食中毒の予防又はまん延防止のため、その対策を検討する委員会をおおむね [3月] に1回以上開催しなければならない。

WB p.479

・明るく家庭的な雰囲気を有し、地域や家庭との結び付きを重視した運営を行い、市町村、居宅介護支援事業者、居宅サービス事業者、他の介護保険施設その他の保健医療サービスまたは福祉サービスを提供する者との密接な連携に努めなければならない。
・入所者の人権の擁護、虐待の防止等のため、必要な体制の整備を行うとともに、その従業者に対し、研修を実施する等の措置を講じなければならない。

正しいものをすべて選びましょう。

問 題

1 指定介護老人福祉施設について正しいものをすべて選んでください。（22-57-1、24-57-2～4)

- 虐待等のやむを得ない事由があれば、要介護 1 又は 2 の者を入所させることができる。　　〇 or ×

- 管理者は、常勤の者でなければならないが、管理上支障がない場合には、同一敷地内にある他の事業所、施設等の職務に従事することができる。　　〇 or ×

- 居宅において日常生活を営むことができると認められる入所者に対し、円滑な退所のために必要な援助を行わなければならない。　　〇 or ×

- 入所者及びその家族から苦情を受け付けた場合でも、その内容等の記録は義務付けられていない。　　〇 or ×

これだけはおさえておきたい！ 💡

○**介護老人福祉施設の指定**

　指定介護老人福祉施設は、介護保険法に基づき、都道府県知事が指定する。

○**特例入所**

　　介護老人福祉施設については、入所は原則要介護 3 以上に限定されている。ただし、居宅において日常生活を営むことが困難なことについてやむを得ない事由がある要介護 1 または 2 の人の特例的な入所（特例入所）が認められている。

| 試験はこう出る！ | 右の QR コードから実際に出題された問題を確認することができます。

解答

WB参照ページ

① 　WB p.476〜478

○ ● 虐待等のやむを得ない事由があれば、要介護1又は2の者を入所させることができる。

○ ● 管理者は、常勤の者でなければならないが、管理上支障がない場合には、同一敷地内にある他の事業所、施設等の職務に従事することができる。

○ ● 居宅において日常生活を営むことができると認められる入所者に対し、円滑な退所のために必要な援助を行わなければならない。

✕ → 介護老人福祉施設は、その提供した介護福祉施設サービスに関する入所者およびその家族からの苦情に迅速かつ適切に対応するために、苦情を受け付けるための窓口を設置する等の必要な措置を講じなければならない。苦情を受け付けた場合には、苦情の内容等を記録しなければならない。

特例入所の対象者（判定にあたって考慮される事情）

① 認知症である者であって、日常生活に支障をきたすような症状・行動や意思疎通の困難さが頻繁にみられること
② 知的障害・精神障害等を伴い、日常生活に支障をきたすような症状・行動や意思疎通の困難さ等が頻繁にみられること
③ 家族等による深刻な虐待が疑われること等により、心身の安全・安心の確保が困難であること
④ 単身世帯である、同居家族が高齢または病弱である等により家族等による支援が期待できず、かつ、地域での介護サービスや生活支援の供給が不十分であること

⑥福祉用具

問題

1 介護保険における福祉用具について、貸与する際には、[**管理者・福祉用具専門相談員**]は、具体的なサービス内容等を記載した福祉用具貸与計画を作成しなければならない。（25-54-2）

これだけはおさえておきたい！💡

○福祉用具貸与の基本方針

利用者が可能な限りその居宅において、その有する能力に応じ自立した日常生活を営むことができるよう、利用者の心身の状況、希望およびその置かれている環境を踏まえた適切な福祉用具の選定の援助、取付け、調整等を行い、福祉用具を貸与することにより、利用者の日常生活上の便宜を図り、その機能訓練に資するとともに、利用者を介護する者の負担の軽減を図るものでなければならない。

○福祉用具貸与にかかる福祉用具（13種目）

①**車いす**	①　自走用標準型車いす ②　普通型電動車いす ③　介助用標準型車いす（電動、ティルト機能、リクライニング機能があるものなど）
②**車いす付属品**	①　クッションまたはパッド　　　③　テーブル ②　電動補助装置　　　　　　　　④　ブレーキ
③**特殊寝台**	サイドレールが取り付けてあるものまたは取り付けることが可能なものであって、次に掲げる機能のいずれかを有するもの。 1　背部または脚部の傾斜角度が調整できる機能 2　床板の高さが無段階に調整できる機能
④**特殊寝台付属品**	①　特殊寝台と一体的に使用されるサイドレール ②　特殊寝台と一体的に使用されるマットレス ③　ベッド用手すり ④　テーブル ⑤　スライディングボード・スライディングマット ⑥　介助用ベルト

解答

WB参照ページ

①　介護保険における福祉用具について、貸与する際には、[**福祉用具専門相談員**]は、具体的なサービス内容等を記載した福祉用具貸与計画を作成しなければならない。

WB　p.430

⑤床ずれ防止用具	①　送風装置または空気圧調整装置を備えた空気パッドが装着された空気マット ②　水、エア、ゲル、シリコン、ウレタン等からなる全身用のマット
⑥体位変換器	体位の変換を容易に行うことができるもの（体位を保持するためのもの（まくら等）は除く）
⑦手すり	取り付けに際し工事を伴うものは除かれる（工事を伴う手すりは住宅改修としての給付の対象）
⑧スロープ	持ち運びが容易なもの。取り付けに際し工事を伴うものは除かれる（工事を伴うスロープは住宅改修としての給付の対象）
⑨歩行器	歩行が困難な者の歩行機能を補う機能を有し、移動時に体重を支える構造を有するもの
⑩歩行補助つえ	松葉づえ、カナディアン・クラッチ、ロフストランド・クラッチ、プラットホームクラッチ、多点杖
⑪認知症老人徘徊感知機器	認知症である高齢者が、屋外に出ようとしたときなどに、センサーにより感知し、家族、隣人等へ通報するもの
⑫移動用リフト（つり具の部分を除く）	①　床走行式　　②　固定式　　③　据置式 段差解消機（車いす昇降機）、浴槽用昇降座面なども含まれるが、住宅の改修を伴うものは除かれる
⑬自動排泄処理装置（本体部分）	尿または便が自動的に吸引されるものであり、かつ、尿や便の経路となる部分を分割することが可能な構造を有するもの 交換可能部品、専用パッド、洗浄液、専用パンツ、専用シーツ等は除く

正しいものをすべて選びましょう。

問題

1 介護保険における福祉用具について正しいものをすべて選んでください。(25-54)

- 使用目的は、利用者の自立した日常生活の支援であり、介護者の負担軽減ではない。　　○ or ×

- 入浴用いすなどの入浴補助用具は、特定福祉用具販売の対象となる。　　○ or ×

- 取付工事の有無にかかわらず、手すりは福祉用具貸与の対象となる。　　○ or ×

2 介護保険における福祉用具貸与の対象となるものとして正しいものをすべて選んでください。(23-51)

- エアマットレスなどの床ずれ防止用具　　○ or ×

- 移動用リフトのつり具の部分　　○ or ×

- 入浴用介助ベルト　　○ or ×

- 浴槽内いす　　○ or ×

- 特殊寝台からの起き上がりや移乗の際に用いる介助用ベルト　　○ or ×

これだけはおさえておきたい！ 💡

○特定福祉用具（6種目）

①腰掛便座	ポータブルトイレ、水洗ポータブルトイレ、便座の底上げ部材など
②自動排泄処理装置の交換可能部品	交換可能部品（レシーバー、チューブ、タンク等）のうち尿や便の経路となるもの（衛生上、レンタルになじまない部分）であって、要介護者または介護を行う者が容易に交換できるもの 専用パッド、洗浄液、専用パンツ、専用シーツ等は除く

試験はこう出る！ 右のQRコードから実際に出題された問題を確認することができます。

152

解答

WB参照ページ

① WB p.427～429

✕ → 福祉用具貸与の事業は、利用者の日常生活上の便宜を図り、その機能訓練に資するとともに、**利用者を介護する者の負担の軽減を図るものでなければならない。**

〇 ●入浴用いすなどの入浴補助用具は、特定福祉用具販売の対象となる。

✕ → 介護保険における福祉用具貸与の対象となる手すりについて、**取付けに際し工事を伴うものは除かれる。**

② WB p.428

〇 ●エアマットレスなどの床ずれ防止用具

✕ → 移動用リフトのつり具の部分（特定福祉用具販売にかかる特定福祉用具）

✕ → 入浴用介助ベルト（特定福祉用具販売にかかる特定福祉用具）

✕ → 浴槽内いす（特定福祉用具販売にかかる特定福祉用具）

〇 ●特殊寝台からの起き上がりや移乗の際に用いる介助用ベルト

③排泄予測支援機器	利用者が常時装着したうえで、膀胱内の状態を感知し、尿量を推定するものであって、一定の量に達したと推定された際に、排尿の機会を居宅要介護者等またはその介護を行う者に自動で通知するもの。専用ジェル等装着の都度、消費するものおよび専用シート等の関連製品は除く
④入浴補助用具	入浴用いす（シャワーチェア）、浴槽用手すり、浴槽内いす、入浴台、浴室内すのこ、浴槽内すのこ、入浴用介助ベルト
⑤簡易浴槽	空気式または折りたたみ式等で容易に移動できるものであって、取水または排水のための工事を伴わないもの
⑥移動用リフトのつり具の部分	身体を包み保持するシート状のものと入浴用車いすのいすの部分が取りはずせ、つり具となるものがある

⑦住宅改修

正しいものをすべて選びましょう。

問題

1 介護保険における住宅改修について正しいものをすべて選んでください。(24-54)

- 取り付けに際し工事の必要のない、便器を囲んで据え置いて使用する手すりは、住宅改修費の支給対象にはならない。　　　　　○ or ×

- 浴室の段差解消に伴う給排水設備工事は、住宅改修費の支給対象にはならない。　　　　　○ or ×

- 非水洗和式便器から水洗洋式便器に取り替える場合は、水洗化工事の費用も住宅改修費の支給対象になる。　　　　　○ or ×

- 引き戸への取替えにあわせて自動ドアを設置した場合は、自動ドアの動力部分の設置は、住宅改修費の支給対象にはならない。　　　　　○ or ×

- 畳敷から板製床材への変更は、住宅改修費の支給対象になる。　　　　　○ or ×

2 介護保険における住宅改修について正しいものをすべて選んでください。(22-54)

- 転居前に住宅改修費の支給を受けた場合でも、転居後の住居について住宅改修費を受給できる。　　　　　○ or ×

- リフトなど動力によって段差を解消する機器に係る工事の費用は、住宅改修費の支給対象となる。　　　　　○ or ×

- 扉の取替えに伴う壁や柱の改修工事の費用は、住宅改修費の支給対象となる。　　　　　○ or ×

- ポータブルトイレの設置は、住宅改修費の支給対象となる。　　　　　○ or ×

- 要介護状態区分が3段階以上上がった場合は、改めて住宅改修費を受給できる。　　　　　○ or ×

解 答

WB 参照ページ

① WB　p.434

○ ●取り付けに際し工事の必要のない、便器を囲んで据え置いて使用する手すりは、住宅改修費の支給対象にはならない。

× → 段差の解消に付帯して必要となる住宅改修として、住宅改修費の支給対象になる。

× → 工事のうち水洗化または簡易水洗化の部分は含まれず、その費用相当額は保険給付の対象とならない。

○ ●引き戸への取替えにあわせて自動ドアを設置した場合は、自動ドアの動力部分の設置は、住宅改修費の支給対象にはならない。

○ ●畳敷から板製床材への変更は、住宅改修費の支給対象になる。

② WB　p.434～436

○ ●転居前に住宅改修費の支給を受けた場合でも、転居後の住居について住宅改修費を受給できる。

× → 介護保険における住宅改修について、昇降機、リフト、段差解消機等動力により段差を解消する機器を設置する工事は除かれる。

○ ●扉の取替えに伴う壁や柱の改修工事の費用は、住宅改修費の支給対象となる。

× → 設置に要する費用については保険給付の対象とならない。

○ ●要介護状態区分が3段階以上上がった場合は、改めて住宅改修費を受給できる。

○保険給付の対象になる住宅改修の種類

①手すりの取り付け	廊下、便所、浴室、玄関、玄関から道路までの通路などに、転倒の予防のため、または移動や移乗動作のために手すりを設置する工事 ・取り付けに際し工事を伴わない手すりは福祉用具貸与
②段差の解消	居室、廊下、便所、浴室、玄関など各室間の床の段差や玄関から道路までの通路などの段差または傾斜を解消する工事。具体的には、敷居を低く（撤去）する、スロープの設置、浴室の床のかさ上げなど ・取り付けに際し工事を伴わないスロープの設置は福祉用具貸与、浴室内すのこの設置は特定福祉用具販売の対象 ・昇降機、リフト、段差解消機など動力により段差を解消する機器を設置する工事は除く
③滑りの防止および移動の円滑化等のための床または通路面の材料の変更	居室、浴室、通路などの滑りの防止や移動の円滑化のために床材を変更する工事 例）畳敷から板製床材やビニル系床材等への変更など
④引き戸等への扉の取り替え	開き戸から引き戸、折戸、アコーディオンカーテンなどに取り替えるなどの工事。扉全体の取り替えのほか、扉の撤去、ドアノブの変更、戸車の設置等も含まれる。 ・自動ドアとした場合は、自動ドアの動力部分の設置は除く
⑤洋式便器等への便器の取り替え	和式便器を洋式便器（暖房便座、洗浄機能付きを含む）に取り替える工事（便器の位置・向きの変更を含む） ・特定福祉用具販売の対象である腰掛便座の設置は除く ・すでに洋式便器である場合に暖房等の機能を付加するだけの場合や、非水洗和式便器から水洗（簡易水洗）洋式便器への取り替えにおける水洗化（簡易水洗化）工事の部分は除く

⑥その他	①～⑤の住宅改修に付帯して必要となる工事 例) ① 手すりの取り付けのための壁の下地補強 ② 浴室の床の段差解消（かさ上げ）に伴う給排水設備工事、スロープの設置に伴う転落や脱輪防止を目的とする柵や立ち上がりの設置 ③ 床材の変更のための下地の補修や根太の補強または通路面の材料の変更のための路盤の整備 ④ 扉の取り替えに伴う壁または柱の改修工事 ⑤ 便器の取り替えに伴う給排水設備工事（水洗化または簡易水洗化にかかるものを除く）、便器の取り替えに伴う床材の変更など

○住宅改修費給付の例外

最初に住宅改修費の支給を受けた住宅改修の着工時点と比較して、次のとおり、「介護の必要の程度」が著しく高くなった場合に行った住宅改修について、改めて支給限度基準額までの住宅改修費の支給を受けることができる（1回に限る）。

要支援1　が　要介護3、要介護4または要介護5　⎫
要支援2　が　要介護4または要介護5　　　　　 ⎬ に、それぞれなった場合
要介護1　が　要介護4または要介護5　　　　　 ⎪
要介護2　が　要介護5　　　　　　　　　　　　 ⎭

また、転居した場合、転居前の住宅に対する住宅改修費の支給状況にかかわらず、転居後の住宅について支給限度基準額までの支給の申請ができる。

試験はこう出る！　右の QR コードから実際に出題された問題を確認することができます。

⑧認知症対応型通所介護

次の文章が正しい内容になるよう、[　　　] のうち、いずれかを○で囲んでください。

問題

❶ 介護保険における認知症対応型通所介護について、**[生活相談員・管理者]** が認知症対応型通所介護計画を作成する。（24-56-1）

これだけはおさえておきたい！💡

○認知症対応型通所介護の基本方針

　　認知症である利用者（認知症の原因となる疾患が急性の状態にある者を除く）が可能な限りその居宅において、その有する能力に応じ自立した日常生活を営むことができるよう生活機能の維持または向上を目指し、必要な日常生活上の世話および機能訓練を行うことにより、利用者の社会的孤立感の解消および心身の機能の維持ならびに利用者の家族の身体的および精神的負担の軽減を図るものでなければならない。

○併設型・単独型・共用型

　　認知症対応型通所介護は、サービスの提供体制に応じて、「併設型」「単独型」「共用型」にわけることができる。

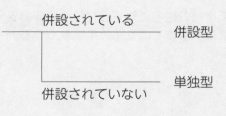

特別養護老人ホーム
養護老人ホーム
病院
診療所
介護老人保健施設
介護医療院
社会福祉施設
特定施設

　　　　　　　　　　　併設されている　　　　　　　　　　　併設型

　　　　　　　　　　　併設されていない　　　　　　　　　　単独型

解答

WB参照ページ

① 介護保険における認知症対応型通所介護について、[**管理者**]が認知症
　対応型通所介護計画を作成する。

WB　p.449

・共用型
　次の事業所・施設の居間、食堂、共同生活室において、その事業所・施設の利用者、入居者または入所者とともに行う場合を「共用型」という。

認知症対応型共同生活介護事業所
　　　　　もしくは　　　　　　　　　　　　　　　の居間または食堂
介護予防認知症対応型共同生活介護事業所

地域密着型特定施設
　　　　　もしくは　　　　　の食堂または共同生活室
地域密着型介護老人福祉施設

ユニット型地域密着型介護老人福祉施設の食堂または共同生活室

問　題

1 介護保険における認知症対応型通所介護について正しいものをすべて選んでください。（22-55-3 ～ 5、24-56-2・3）

- 利用者、家族へのサービスの提供方法等の説明には、認知症対応型通所介護計画の目標及び内容や利用日の行事及び日課も含まれる。　　○ or ×

- 既に居宅サービス計画が作成されている場合には、認知症対応型通所介護計画の内容について利用者の同意を得なくてもよい。　　○ or ×

- 事業者は、運営推進会議における報告、評価、要望、助言等について記録を作成し、公表しなければならない。　　○ or ×

- 栄養改善サービスを提供することができる。　　○ or ×

- 若年性認知症の者は、要介護であっても対象とならない。　　○ or ×

これだけはおさえておきたい！ 💡

○認知症対応型通所介護計画の作成
- 事業所の管理者は、利用者の心身の状況、希望およびその置かれている環境を踏まえて、機能訓練等の目標、目標を達成するための具体的なサービスの内容等を記載した認知症対応型通所介護計画を作成しなければならない。
- 認知症対応型通所介護計画は、すでに居宅サービス計画が作成されている場合は、居宅サービス計画の内容に沿って作成しなければならない。
- 事業所の管理者は、認知症対応型通所介護計画の作成にあたっては、その内容について利用者またはその家族に対して説明し、利用者の同意を得なければならない。
- 事業所の管理者は、認知症対応型通所介護計画を作成した際には、認知症対応型通所介護計画を利用者に交付しなければならない。
- 従業者は、それぞれの利用者について、認知症対応型通所介護計画に従ったサービスの実施状況および目標の達成状況の記録を行う。

試験はこう出る！ 右の QR コードから実際に出題された問題を確認することができます。

解答

①

〇 ●利用者、家族へのサービスの提供方法等の説明には、認知症対応型通所介護計画の目標及び内容や利用日の行事及び日課も含まれる。

✕ → 認知症対応型通所介護計画は、すでに居宅サービス計画が作成されている場合は、居宅サービス計画の内容に沿って作成しなければならない。認知症対応型通所介護計画の作成にあたっては、その内容について利用者またはその家族に対して説明し、利用者の同意を得なければならない。

〇 ●事業者は、運営推進会議における報告、評価、要望、助言等について記録を作成し、公表しなければならない。

〇 ●栄養改善サービスを提供することができる。

✕

⑨小規模多機能型居宅介護

次の文章が正しい内容になるよう、[   ]のうち、いずれかを○で囲んでください。

❶ 介護保険における小規模多機能型居宅介護について、指定小規模多機能型居宅介護事業所の登録者に対しては、**[居宅介護支援事業所の介護支援専門員・その事業所の介護支援専門員]** が、居宅サービス計画を作成しなければならない。(25-55-5)

❷ 介護保険における小規模多機能型居宅介護について、通いサービス、**[訪問サービス・宿泊サービス]** ごとに、1日当たりの同時にサービス提供を受ける利用定員の上限が定められている。(25-55-1)

これだけはおさえておきたい！ 💡

○登録定員・利用定員

　小規模多機能型居宅介護には、登録定員（登録者の数の上限）が定められている。

　登録定員は29人（サテライト型の場合18人）以下とされ、登録定員によって、通いサービスおよび宿泊サービスの利用定員（事業所におけるサービスごとの1日あたりの利用者の数の上限）が異なる。

通いサービス・宿泊サービスの利用定員

			利用定員
通いサービス	事業所の登録定員	25人まで	登録定員の1/2〜15人
		26人または27人	16人
		28人	17人
		29人	18人
宿泊サービス	通いサービスの利用定員の1/3〜9人まで		

サテライト型の場合：通いサービスは12人まで／宿泊サービスは6人まで

　なお、従業者が利用者となじみの関係を築きながらサービスを提供できるよう、利用者は1か所の事業所に限って利用者登録を行うことができる。

解　答

WB参照ページ

1　介護保険における小規模多機能型居宅介護について、指定小規模多機能型居宅介護事業所の登録者に対しては、[その事業所の介護支援専門員] が、居宅サービス計画を作成しなければならない。

WB　p.455

2　介護保険における小規模多機能型居宅介護について、通いサービス、[宿泊サービス] ごとに、1日当たりの同時にサービス提供を受ける利用定員の上限が定められている。

WB　p.454

○居宅サービス計画の作成

　　登録者の居宅サービス計画は、指定小規模多機能型居宅介護事業所の介護支援専門員が作成する。介護支援専門員は、登録者の小規模多機能型居宅介護以外の居宅サービスを含めた居宅サービス計画の作成とともに、小規模多機能型居宅介護の具体的なサービスの内容などを記した小規模多機能型居宅介護計画の作成の業務に従事する。

　　したがって、小規模多機能型居宅介護の利用を開始した場合、介護支援専門員は小規模多機能型居宅介護事業の介護支援専門員に変更することになる。

試験はこう出る！　右の QR コードから実際に出題された問題を確認することができます。

問題

1 介護保険における小規模多機能型居宅介護について正しいものをすべて選んでください。（23-55-2 ～ 4、25-55-4）

●従業者は、介護福祉士又は訪問介護員でなければならない。　　　　　　○ or ×

●小規模多機能型居宅介護の本体事業所とサテライト事業所の距離は、自動車等でおおむね 20 分以内の近距離でなければならない。　　○ or ×

●利用者は、複数の小規模多機能型居宅介護事業所への登録を希望しても、1 つの事業所にしか登録できない。　　　　　　○ or ×

●宿泊サービスでは、利用者 1 人につき 1 月当たりの日数の上限が定められている。　　　　　　○ or ×

解 答

WB参照ページ

①

WB　p.456

× → 小規模多機能型居宅介護従業者のうち1以上の者は、看護師または准看護師でなければならない。小規模多機能型居宅介護従業者については、介護福祉士や訪問介護員の資格等は必ずしも必要としない。

○ ●小規模多機能型居宅介護の本体事業所とサテライト事業所の距離は、自動車等でおおむね20分以内の近距離でなければならない。

○ ●利用者は、複数の小規模多機能型居宅介護事業所への登録を希望しても、1つの事業所にしか登録できない。

× → 小規模多機能型居宅介護事業所は、通いサービスおよび宿泊サービスの利用定員（事業所におけるサービスごとの1日当たりの利用者の数の上限を）を定めるものとする。

⑩認知症対応型共同生活介護

次の文章が正しい内容になるよう、[　　　]のうち、いずれかを○で囲んでください。

問題

1 介護保険における認知症対応型共同生活介護について、事業所の立地場所については、[園芸や農作業を行いやすい自然の豊かな場所・住宅地又は住宅地と同程度に利用者の家族や地域住民との交流の機会が確保される地域]でなくてはならない。（23-56-1）

2 介護保険における認知症対応型共同生活介護について、入居の際には、[介護保険被保険者証・主治の医師の診断書]等により申込者が認知症である者であることの確認をしなければならない。（25-56-1）

これだけはおさえておきたい！💡

○管理者
・共同生活住居ごとにもっぱらその職務に従事する常勤の管理者を置かなければならない。ただし、共同生活住居の管理上支障がない場合は、共同生活住居の他の職務に従事し、または同一敷地内にある他の事業所、施設など、併設する小規模多機能型居宅介護事業所、看護小規模多機能型居宅介護事業所の職務に従事することができる。
・共同生活住居の管理者は、必要な知識および経験を有し、特別養護老人ホーム、老人デイサービスセンター、介護老人保健施設、介護医療院、指定認知症対応型共同生活介護事業所等の従業者または訪問介護員等として、3年以上認知症である者の介護に従事した経験を有する者であって、あらかじめ定められた研修（認知症対応型サービス事業管理者研修）を修了しているものでなければならない。

○共同生活住居
・1事業所に複数の共同生活住居を設ける場合は3つまでに限られている。複数の共同生活住居を設ける場合でも、居間、食堂および台所はそれぞれの共同生活住居ごとの専用の設備でなければならない。
・共同生活住居の入居定員（その共同生活住居において同時にサービスの提供を受けることができる利用者の数の上限）は5人以上9人以下とされている。

解答

WB参照ページ

① 介護保険における認知症対応型共同生活介護について、事業所の立地場所については、[**住宅地又は住宅地と同程度に利用者の家族や地域住民との交流の機会が確保される地域**] でなくてはならない。

WB　p.461

② 介護保険における認知症対応型共同生活介護について、入居の際には、[**主治の医師の診断書**] 等により申込者が認知症である者であることの確認をしなければならない。

WB　p.461

○**立地条件**

　　認知症対応型共同生活介護事業所は、利用者の家族との交流の機会を確保する、地域住民との交流を図るため、住宅地または住宅地と同程度に利用者の家族や地域住民との交流の機会が確保される地域にあるようにしなければならない。

○**利用料などの受領**

- ・食材料費
- ・理美容代
- ・おむつ代
- ・その他の日常生活費

　　　　　　　　　　　　　　　⎫ 利用者が負担する

○**評価**

　　認知症対応型共同生活介護事業者は、自らの評価を行ったうえで、都道府県が選定した評価機関の実施するサービス評価を受け、その結果を踏まえて総括的な評価を行い、常にその提供するサービスの質の改善を図らなければならない。

|試験はこう出る！| 右の QR コードから実際に出題された問題を確認することができます。

問 題

1 介護保険における認知症対応型共同生活介護について正しいものをすべて選んでください。(23-56-2・5、25-56-3・4)

● 1つの共同生活住居の入居定員は、5人以上9人以下である。　　○ or ×

● 認知症対応型共同生活介護事業者は、提供するサービスの質について、定期的に外部評価を受けていれば、自己評価を行う必要はない。　　○ or ×

● 管理者は、認知症である者の介護に3年以上従事した経験を有する者であって、所定の研修を修了しているものでなければならない。　　○ or ×

● 事業者は、利用者の食材料費、理美容代、おむつ代を負担しなければならない。　　○ or ×

解答

WB参照ページ

① WB　p.462〜463

○	● 1つの共同生活住居の入居定員は、5人以上9人以下である。
✕	→ 　認知症対応型共同生活介護事業者は、自らその提供する介護の質の評価を行うとともに、定期的に、外部の者による評価、運営推進会議における評価のいずれかの評価を受けて、それらの結果を公表し、常にその改善を図らなければならない。
○	● 管理者は、認知症である者の介護に3年以上従事した経験を有する者であって、所定の研修を修了しているものでなければならない。
✕	→ 　認知症対応型共同生活介護事業者は、食材料費、理美容代、おむつ代、その他の日常生活費の支払いを利用者から受けることができる。

■2024年介護保険制度改正について

本書発刊後に明らかになった、2024（令和6）年施行の介護保険制度改正の内容のうち、本書に関連するものについて、弊社ホームページにおいて順次紹介していきます。下記 URL でご確認ください。
https://www.chuohoki.co.jp/foruser/manager/

■本書に関する訂正情報等について

弊社ホームページ（下記 URL）にて随時お知らせいたします。
https://www.chuohoki.co.jp/foruser/manager/

■本書へのご質問について

下記の URL から「お問い合わせフォーム」にご入力ください。
https://www.chuohoki.co.jp/contact/

ケアマネジャー試験
ポイントまる覚えドリル 2024

2024年2月20日　発行

編　集 ● 中央法規ケアマネジャー受験対策研究会
発行者 ● 荘村明彦
発行所 ● 中央法規出版株式会社
〒110-0016　東京都台東区台東3-29-1　中央法規ビル
TEL03-6387-3196
https://www.chuohoki.co.jp/

印 刷・製 本 ● 株式会社太洋社
本文デザイン ● 株式会社エディポック
装幀デザイン ● 株式会社デジカル
装幀キャラクター ● 坂木浩子